从脆弱到理性：
重塑消费决策与福利保护

石华瑀 著

中国建设科技出版社有限责任公司
China Construction Science and Technology Press Co., Ltd.

北 京

图书在版编目（CIP）数据

从脆弱到理性：重塑消费决策与福利保护/石华瑀著． --北京：中国建设科技出版社有限责任公司，2025.5. -- ISBN 978-7-5160-4373-8

Ⅰ.F713.55

中国国家版本馆CIP数据核字第2025MA9530号

从脆弱到理性：重塑消费决策与福利保护
CONG CUIRUO DAO LIXING：CHONGSU XIAOFEI JUECE YU FULI BAOHU
石华瑀　著

出版发行：中国建设科技出版社有限责任公司
地　　址：北京市西城区白纸坊东街2号院6号楼
邮　　编：100054
经　　销：全国各地新华书店
印　　刷：北京雁林吉兆印刷有限公司
开　　本：710mm×1000mm　1/16
印　　张：8
字　　数：150千字
版　　次：2025年5月第1版
印　　次：2025年5月第1次
定　　价：48.00元

本社网址：www.jskjcbs.com，微信公众号：zgjskjcbs
请选用正版图书，采购、销售盗版图书属违法行为
版权专有，盗版必究。本社法律顾问：北京天驰君泰律师事务所，张杰律师
举报信箱：zhangjie@tiantailaw.com　　举报电话：(010) 63567684
本书如有印装质量问题，由我社事业发展中心负责调换，联系电话：(010) 63567692

前　言

在当今复杂多变的市场环境中,消费者的非理性决策行为逐渐成为一个被广泛关注的研究领域。以前,学术界对非理性消费行为的研究主要集中在企业如何利用消费者的非理性来增进商业利益,而较少从消费者自身的角度出发,考察非理性消费行为对其福利的影响。然而,随着市场经济的不断发展,消费者所面临的外部刺激和诱惑日益增多,导致消费者作出非理性决策的风险大大增加,特别是对某些特殊群体来说,这种风险更为显著。

本书旨在从消费者脆弱性的视角,重新构建非理性决策行为的理论框架。本研究试图通过引入消费者脆弱性这一概念,揭示在特定营销情境下,消费者如何在外部刺激的影响下因自身脆弱性而做出有损其福利的决策。消费者脆弱性被视为一种个体特质,即消费者在消费情境中难以抵御或承受外在刺激和诱惑的倾向。基于此定义,本书提出了消费者非理性决策的理论框架,探讨了消费者脆弱性与非理性决策行为及消费者福利之间的关系。

本书从理论和实证两个层面进行了深入研究。首先,本书系统梳理和总结了现有关于非理性决策、消费者脆弱性及消费者福利的文献,分析现有研究的不足,提出了一个统一的研究框架。其次,本书开发了消费者脆弱性测量量表,验证了它在不同消费情境中的适用性和有效性。最后,本书通过对保健品行业和一般消费情境中的实证研究,深入探讨了不同营销刺激如何通过激活消费者脆弱性而影响其决策行为和福利水平的课题。

本书的研究不仅在理论上丰富了消费者非理性决策行为的研究范畴,也为实践层面提供了重要的政策启示。研究结论为相关政府部门制定针对消费者福利的公共政策提供了理论依据,同时也为企业在制定营销策略时兼顾消费者权益和长期发展提供了参考。

感谢教育部人文社会科学青年基金项目"健康消费情境中目标冲突对连续决策行为的影响机制研究"(编号:22YJC630117)对本书的支持。

通过本书的研究，我们希望能够帮助学术界更全面地理解非理性消费行为背后的复杂机制，为消费者的决策行为研究开辟新的视角，最终推动更为公正和有效的市场环境的构建。

作　者

2024 年 12 月

目　录

1 绪论 ……………………………………………………………… 1
   1.1 研究背景 …………………………………………………… 1
   1.2 研究目的与意义 …………………………………………… 2
   1.3 研究内容与结构框架 ……………………………………… 3
   1.4 研究方法与研究路线 ……………………………………… 5
   1.5 研究主要创新点 …………………………………………… 7
   1.6 本章小结 …………………………………………………… 8

2 消费者决策的迷雾 …………………………………………… 9
   2.1 理性与非理性：经济人假设的挑战 ……………………… 9
   2.2 非理性决策行为的表现形式 ……………………………… 11
   2.3 非理性决策背后的心理机制 ……………………………… 16
   2.4 本章小结 …………………………………………………… 19

3 消费者脆弱性的面纱 ………………………………………… 20
   3.1 消费者脆弱性的定义 ……………………………………… 20
   3.2 消费者脆弱性的影响因素 ………………………………… 22
   3.3 消费者脆弱性的影响结果 ………………………………… 25
   3.4 本章小结 …………………………………………………… 27

4 消费者福利的多维分析 ……………………………………… 28
   4.1 消费者福利的概念与理论基础 …………………………… 28
   4.2 消费者福利的多维度衡量 ………………………………… 30
   4.3 消费者福利的影响因素 …………………………………… 32
   4.4 消费者福利在不同市场情境中的表现 …………………… 34
   4.5 本章小结 …………………………………………………… 36

5 理论框架与概念模型 ... 37
5.1 非理性决策理论框架 ... 37
5.2 概念模型 ... 38
5.3 本章小结 ... 45

6 研究方法 ... 46
6.1 探索性因子分析 ... 46
6.2 结构方程模型 ... 46
6.3 信效度分析 ... 48
6.4 独立样本 t 检验 ... 49
6.5 层次回归分析和 Bootstrap 方法 ... 49
6.6 本章小结 ... 51

7 消费者脆弱性测量量表开发 ... 52
7.1 现行量表开发方法 ... 52
7.2 本研究量表开发方法 ... 57
7.3 定义构念 ... 58
7.4 生成问项库 ... 58
7.5 内容效度评估 ... 59
7.6 问项提纯 ... 59
7.7 本章小结 ... 67

8 消费者脆弱性测量量表验证 ... 68
8.1 量表验证概述 ... 68
8.2 验证性因子分析 ... 69
8.3 信度评估 ... 73
8.4 效度评估 ... 74
8.5 本章小结 ... 79

9 概念模型检验——保健品行业 ... 80
9.1 研究背景和研究意义 ... 80
9.2 理论基础与概念模型 ... 81
9.3 预实验 ... 83

	9.4 实验1	86
	9.5 实验2	88
	9.6 实验3	90
	9.7 本章小结	93
10	概念模型检验——一般消费情境	94
	10.1 研究背景和研究意义	94
	10.2 理论基础与概念模型	95
	10.3 预实验	98
	10.4 实验1	101
	10.5 实验2	105
	10.6 本章小结	111
11	总结与展望	112
	11.1 研究结论	112
	11.2 理论贡献与实践意义	113
	11.3 未来研究方向	115
参考文献		118

1 绪 论

1.1 研究背景

随着市场环境的日益复杂和消费者选择的多样化,消费者行为研究正面临前所未有的挑战。消费者不再仅仅依赖传统的理性决策模型,而是越来越受到情感、社会影响、信息过载等多重因素的影响。这一现象在数字化时代尤为明显,尤其是在电子商务和社交媒体普及的背景下,消费者每天接触到的信息量急剧增加,导致认知负荷加重,进而加剧了消费者的脆弱性。

所谓非理性消费,通常是指消费者在各种诱因影响下做出的不合理的消费决策,它一般表现为消费者违反效用最大化进行的消费,或是消费时没有考虑收入的约束,或是不按边际效用递减规律进行消费等。在现实生活和营销实践领域,面对商家琳琅满目的货架和花样百出的促销,即便自认为最聪明的营销专家也难免丧失应有的理性和判断能力,不知不觉地陷入商家精心设计的陷阱之中,最终无法做出福利最大化或最优决策。

消费者脆弱性作为一个关键概念,指的是消费者在面对复杂市场环境时,由于信息不对称、认知资源有限或情感波动,难以做出最优决策的状态。这种脆弱性不再局限于某一特定群体或行业,而是在广泛的市场情境中表现出其重要性。例如,在保健品行业,老年消费者因其健康焦虑和信息处理能力下降,成为脆弱性表现最为突出的群体之一。这一现象反映了消费者脆弱性在高风险、高复杂性产品选择中的显著作用。

在现实生活中,消费者往往会面临商家的优势地位,后者通过选择性披露产品信息、夸张性广告,甚至通过违规虚假宣传和商业欺诈等手段,诱使消费者上当受骗陷入非理性购物的怪圈。尤其是对于某些特殊群体,诸如老年人、儿童、残疾人、贫困者、异地购物者、特殊疾病患者、农民或低文化边缘群体等,他们由于在理解广告或产品效用方面能力不足,或对经济、社会、生理或心理伤害特别敏感,更容易成为一些厂商重点追逐的目标。

研究表明,过度营销导致消费者的非理性决策现象广泛存在,它不仅对个人和社会造成损害,产生诸如冲动消费、肥胖、物质主义、自然资源浪费、生态环境破坏等问题，同时导致产品伤害危机频发、食品添加剂滥用、社会边缘群体生活质量堪忧等严重的社会问题。尽管在过去近六十年中，消费者行为研究作为市场营销的分支学科得到了显著发展，其核心是以研究人作为消费者角色介入产品和服务的搜索、评价、选择、使用和处置为特征，研究的视角整体上更多集中于与企业利润最大化有关的营销管理问题，其重点在于消费者的信息处理和评价选择，相对而言较少聚焦在消费者福利和公共政策制定者的视角。

早期经济学家帕累托将非逻辑购买决策看作非理性的，然而 Simon 提出有限理性的观点，认为人在现实生活中无法实现最优标准，因而违反"满意"标准的决策是非理性的；行为经济学家 Kahneman 和 Tversky 则认为违反个体效用最大化、个体偏好不一致的行为是非理性的。这些研究各自独立，自成体系，缺乏统一完整的研究架构。在营销领域，大量的研究表明，过度营销导致的非理性消费行为普遍存在，如冲动购买、过度消费、炫耀性消费等。然而，这些研究大多基于厂商视角，旨在利用消费者的非理性增进企业商业利益，较少从消费者福利和公共政策制定者的视角，探讨非理性行为如何损害消费者自身利益。

因此，有必要从消费者自身出发，重新界定非理性购买行为，并构建消费者非理性决策的理论框架，揭示消费者非理性购买行为的内在机制，最终为公共政策的改善提供依据。基于此，本书旨在通过深入分析消费者脆弱性对非理性决策行为的影响，揭示在不同市场情境下，尤其是与脆弱性紧密相关的健康产业如保健品行业，以及营销手段让人眼花缭乱的一般消费情境中，消费者脆弱性如何成为非理性决策的关键驱动力。

1.2 研究目的与意义

非理性消费现象在现实中广泛存在，但在学术研究中，各自独立且自成体系，缺乏统一完整的研究架构。现有研究多以厂商立场为出发点，旨在增进企业商业利益，而对非理性消费行为带来的社会后果、消费者的人文关怀，以及公共政策的改善关注较少。随着社会问题的日益严重，学术界和社会对以增进消费者福利为视角的非理性消费决策研究的关注日益增加。

本书旨在引入消费者脆弱性的概念，并以此为基础，重新构建包含非理性购买行为在内的消费者非理性决策模型。通过这一新框架，本书从消费者福利的视角，探究非理性行为的内在机制，并进一步分析具体营销情境中的营销信息如何影响消费者的决策行为。最终，从公共政策的角度，提出保护消费者福利的政策建议，以应对当前市场环境中的不良营销行为和其对消费者的负面影响。

从理论角度来看，本研究通过重新界定消费者脆弱性，整合非理性消费决策理论，为原有理论开辟了一个全新的视角。这一研究不仅深化了对非理性购买行为的理解，也为学术界提供了一个更全面的框架来分析消费者行为。此外，本研究开发的消费者脆弱性测量量表，进一步拓宽了原理论的应用范围，使其能够在更多的市场情境中得到实践和验证。

在实践层面，本研究从消费者福利的视角，重点关注企业营销策略，特别是与产品信息、广告信息相关的策略对消费者福利的影响。研究结果可以为厂商的营销行为提供有价值的指导，促使企业在追求商业利益的同时，兼顾消费者权益与福利。更重要的是，这些研究成果将为政府和相关部门提供政策建议，帮助其制定更加有效的公共政策，保护消费者免受不良营销行为的侵害，从而提升整体社会福利水平。

1.3 研究内容与结构框架

1.3.1 研究内容

本书主要从消费者脆弱性理论视角来探索具体营销情境中的营销刺激如何影响消费者非理性行为及消费者福利。因此，本研究主要集中于以下三个方面。

第一，通过回顾相关文献，梳理消费者脆弱性与消费者非理性决策行为及消费者福利的关系，依此构建消费者非理性决策理论框架，并结合本研究的目的重新对消费者脆弱性进行界定。

第二，基于所提出的消费者脆弱性定义，开发并验证消费者脆弱性测量量表，使这一概念得以操作化，为后续实证研究奠定基础。在此基础上，进一步将消费者脆弱性细分为无知型脆弱和无力型脆弱，深入探讨这两种类型的脆弱性在不同营销情境中的具体表现和影响机制。

第三，在实际营销情境中，验证过度营销刺激对非理性消费行为和消费者福利的影响，并通过非理性决策理论框架从消费者脆弱性的视角进行深入阐述。具体而言，本书详细分析了消费者在保健品行业和一般消费情境中如何受到营销刺激的影响，从而在决策行为和消费者福利方面呈现出异样。

1.3.2 结构框架

本书内容结构分为11章，各章内容概述如下：

第1章 绪论

本章介绍了研究的背景、目的与意义,阐述了本研究的核心问题和研究方法。该章还概述了整本书的结构框架,并指出了本研究的创新点和可能的理论贡献。

第2章 消费者决策的迷雾

本章回顾了消费者决策研究的理论基础,讨论了理性与非理性决策行为之间的关系,并详细分析了非理性决策的不同表现形式,如冲动购买、从众消费、过度消费等。同时,探讨了非理性决策背后的心理机制,包括启发式、认知偏差、情绪、社会认同等。

第3章 消费者脆弱性的面纱

本章通过对消费者脆弱性的多角度分析,探讨其定义、内在和外在的影响因素,以及其对决策和情感体验的影响。研究表明,消费者脆弱性不仅影响了其购买决策,还导致了负面的情感体验和社会压力。

第4章 消费者福利的多维分析

本章分析了消费者福利的多维度概念,包括经济学、行为经济学、心理学和社会学等不同视角下的定义和测量方法。通过探讨消费者福利在不同市场环境中的表现,本章为理解消费者行为背后的复杂机制提供了更加全面的视角。

第5章 理论框架与概念模型

在总结前几章研究成果的基础上,本章构建了一个新的消费者非理性决策行为理论框架和概念模型。该模型结合了行为经济学、心理学和社会学的视角,着重阐述了消费者脆弱性如何在不同的市场情境下受到营销刺激的影响,最终导致非理性消费行为的发生。

第6章 研究方法

本章介绍了研究中使用的方法,包括探索性因子分析、验证性因子分析、结构方程模型和层次回归分析等技术手段,为量表开发和概念模型的实证检验提供了方法基础。

第7章 消费者脆弱性测量量表开发

本章开发了一套新的消费者脆弱性测量量表,详细描述了定义构念、生成问项库、内容效度检验及问项提纯等量表开发过程和结果。

第8章 消费者脆弱性测量量表验证

本章对开发的消费者脆弱性量表进行了信效度分析,采用验证性因子分析和其他统计方法,进一步验证了量表的可靠性和有效性。

第9章 概念模型检验——保健品行业

本章在保健品行业情境下,验证了本研究提出的非理性决策行为理论模型，研究了不同营销刺激（如信息轰炸和情感绑架）对消费者从众行为的影响，并探讨了消费者脆弱性在这一过程中的中介作用及年龄的调节效应。

第10章　概念模型检验——一般消费情境

本章在一般消费情境下，继续验证概念模型，分析了不同营销刺激如何诱导消费者的非理性决策行为，并进一步探讨了消费者脆弱性的中介效应及其他情境因素的调节效应。

第11章　总结与展望

最后一章总结了本书的研究结论、理论贡献和实践意义，并指出了本研究的局限性及未来的研究方向。

1.4　研究方法与研究路线

1.4.1　研究方法

本书采用规范研究与实证研究相结合的方法，通过文献分析、质性研究、问卷调查及实验法，系统深入地探讨消费者脆弱性与非理性决策行为之间的关系。

（1）规范研究

在规范研究部分，本书首先通过广泛的文献分析，系统梳理了现有的消费者脆弱性研究成果。在对不同学者提出的消费者脆弱性定义进行总结和归纳的基础上，本书从消费者福利的视角提出了新的理论框架，并对消费者脆弱性进行了重新界定。通过对相关文献的查阅、筛选和归纳，本书深入探讨了消费者脆弱性的影响因素、影响结果，以及与非理性行为相关的理论，奠定了本研究的理论基础。

由于本研究的核心变量——消费者脆弱性——尚无成熟的测量量表，本书在文献研究的基础上，利用质性研究中的访谈法建立了消费者脆弱性测量量表的初始问项库。访谈研究分为三个阶段进行：首先，通过经验调查和焦点小组访谈，收集普通消费者对消费者脆弱性的描述及相关经历，以补充问项库的内容；其次，邀请市场营销领域的专家进行访谈，评估现有问项库在测量消费者脆弱性方面的有效性；最后，根据由在读研究生组成的专家小组的反馈，进一步修订和完善量表问项。

（2）实证研究

在实证研究部分，本书首先通过问卷调查检验了消费者脆弱性测量量表的信效度，以确定量表的最终形式。数据分析采用了 SPSS 19.0 和 AMOS 21.0 软件，使用了描述性统计分析、内部一致性信度分析、探索性因子分析、验证性因子分析以及结构方程模型等方法。

此外，本书通过实验法对研究模型及相关研究假设进行了验证。在实验设计中，通过操控自变量（如营销刺激）以考察其对消费者行为和福利的影响，并利用消费者脆弱性概念解释这些影响的内在机制。

1.4.2 研究路线图

根据研究目的、研究内容和研究方法，本书建立如图1-1所示的研究技术路线图。

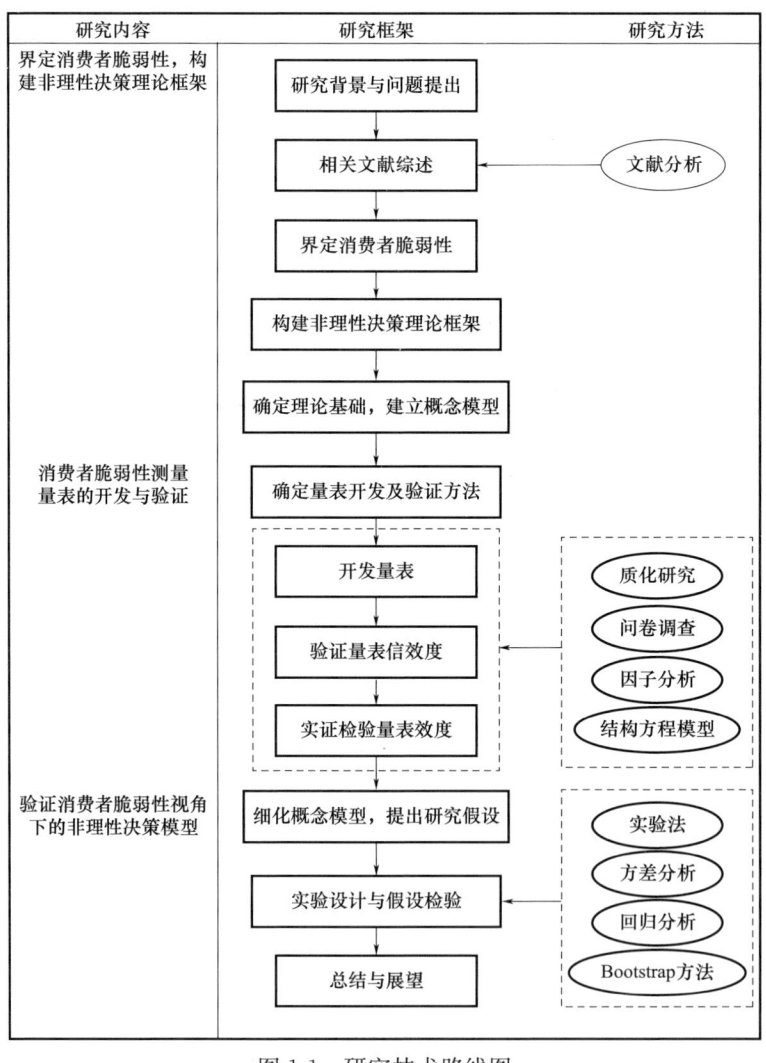

图1-1 研究技术路线图

本书的研究过程大致分为以下三个步骤：

首先，进行文献回顾，为理论框架和概念模型的构建提供理论支持。本书所参考的文献主要来源于两类：一是与本研究相关的国内外核心期刊文献，二是与研究内容相关的主要理论著作。文献回顾的内容涵盖四个主要领域：①消费者脆弱性相关文献；②消费者非理性决策行为相关文献；③消费者福利相关文献；④量表开发方法相关文献。

其次，进行消费者脆弱性测量量表的开发与检验。为了使概念模型中的消费者脆弱性这一构念能够量化操作，本书通过访谈研究建立了初始问项库，并利用问卷调查收集数据。在此基础上，进行了数据分析，以获得最终具备良好信效度的测量量表。

最后，利用该量表对概念模型进行了验证。为实证检验特定营销情境中营销刺激对消费者行为及福利的影响，本书采用实验法分别对比较情境中评价线索对决策舒适度的影响以及保健品营销情境中营销手段对从众行为的影响进行了验证，并根据 Naylor（1981）提出的特质-状态量表转换方法，将消费者脆弱性测量量表转换为一种状态量表，以验证消费者脆弱性在上述关系中的中介作用。

1.5　研究主要创新点

在消费者行为领域，本研究的创新点主要体现在以下几个方面：

（1）重新构建非理性决策行为理论框架

本书基于消费者的内在心理感受，重新构建了非理性决策行为的理论框架，完善了非理性决策行为的界定标准，为这一领域的研究开辟了新的视角。以往的研究多基于行为决策理论，部分基于效用理论，认为违反效用最大化的行为是非理性的；部分基于前景理论，认为个体偏好不一致的行为是非理性的。这些研究对非理性的界定不统一，且多从厂商视角出发，忽视了消费者的主观感受和对公共政策的关注。此外，越来越多的研究表明，非理性决策行为对个体和社会都会造成严重伤害。在中国经济转型升级的背景下，复杂的经济环境、加速的科技创新以及贫富差距的存在，使得新的"非理性消费现象"层出不穷，如面子消费、炫耀性消费等。然而，这些根据传统非理性决策理论被外部评判为非理性的行为，实际上可能是消费者为了维护自尊、确立社会地位或获得社会认同而做出的理性选择。例如，"面子消费"对于某些消费者来说，其情感上的利益可能远超经济上的损失。因此，为更准确地界定非理性消费行为，深入探讨其内在机制及其对消费者福利的影响，本书将研究视角由厂商转移至消费者,从消费者的主观感受出发,重新构建消费者非理性决策的理论框架,不仅完善了非理性消费行为的界定标准,也为与消费者福利相关的公共政策的制定提供了理论依据。

(2) 引入消费者脆弱性概念并扩展其应用范围

本书从增进消费者福祉的角度出发,将具有多学科交叉特征的消费者脆弱性概念引入到消费者行为研究领域,并将其研究范围由传统的特殊群体扩展至普通消费者。此前的研究主要从厂商角度出发,探讨如何通过营销策略提升企业利润、提高消费者对品牌的忠诚度及消费者的购买意愿。本书为了更好地保护消费者利益,特别是守护好特殊群体的福祉,整合了社会学、心理学、经济学和营销学等学科的理论,重新全面地界定了消费者脆弱性这一概念。消费者脆弱性被定义为一种个体特质,即消费者在特定消费情境中难以抵御或承受外在刺激或诱惑,从而做出有损自身福利的决策的倾向。该定义突破了传统脆弱性研究中仅限于特定人口统计变量的限制,明确指出消费者脆弱性可能导致的经济和情感上的福利受损。本书首次开发并验证了消费者脆弱性测量量表,为未来的实证研究提供了有效的工具。更为重要的是,本研究将消费者脆弱性纳入非理性决策理论框架,验证了消费者脆弱性与非理性消费行为及消费者福利之间的关系,从而拓展和完善了消费者脆弱性研究的范畴。

(3) 构建基于消费者脆弱性视角的消费者福利研究模型

本书从消费者福利的视角出发,基于营销刺激-反应理论,整合了消费者脆弱性理论和消费者福利理论,构建了营销刺激-消费者脆弱性-消费者福利研究模型。不同于以往关注品牌态度、购买意愿或企业绩效的研究,本研究模型聚焦于消费者福利,探讨了外在营销刺激如何通过消费者脆弱性对消费者福利产生影响。研究结论为政府部门制定与消费者福利相关的公共政策,尤其是针对脆弱性较高的特殊群体的政策提供了理论支持和实证依据。同时,本研究也为消费者福利研究提供了新的消费者导向的视角。

1.6 本章小结

本章作为本书的开篇,在简要阐述了研究背景后,提出了研究目的与意义,进而明确了研究内容与结构,随后给出了研究方法和研究路线,最后概括了研究的主要创新点。

2 消费者决策的迷雾

2.1 理性与非理性：经济人假设的挑战

传统经济学中的理性决策模型假设消费者作为"经济人"（Homo Economicus），在选择商品或服务时，总是能够做出效用最大化的决策。这一模型基于以下假设：消费者拥有完全的信息、能够理性地处理这些信息，并根据一致的偏好体系进行选择。这种理性假设在新古典经济学理论中得到了广泛应用，如效用最大化理论、消费者选择理论等。然而，随着行为经济学和心理学的兴起，这种理性假设受到了越来越多的挑战。

2.1.1 理性决策的理论基础

（1）效用最大化理论

理性决策的核心是效用最大化理论（Utility Maximization Theory）。根据这一理论，消费者在面对多种选择时，会根据自己的偏好和预算约束，选择效用最大的方案。这种选择被认为是基于完全信息和逻辑推理的结果。效用最大化理论假设消费者的偏好是完备的、传递的和一致的，并且消费者总是能够选择使效用最大化的商品组合。

（2）完全信息假设

理性决策模型还假设消费者拥有完全的信息（Full Information Hypothesis）。消费者被认为能够获得并处理所有相关信息，包括产品的质量、价格、功能、售后服务等。在这一假设下，消费者可以基于这些信息进行理性的选择，不会受到信息不对称或信息不完全的困扰。

（3）偏好一致性

理性假设认为，消费者的偏好是稳定的和一致的，即消费者在不同的决策情境中，始终保持对某一商品或服务的偏好不变。例如，如果消费者今天更偏好 A 商品，那么无论在何种情境下，他都应在未来保持这种偏好不变。

然而，这种理性假设虽然在理论模型中具有简化和预测功能，但在现实中，消费者的行为却往往偏离理性轨道，呈现出非理性的特征。随着行为经济学和实验经济学的发展，大量实证研究表明，消费者的决策行为并非完全理性。他们的决策过程常常受到认知偏差、情绪、社会影响和外部环境的干扰，从而做出偏离效用最大化的选择。这些研究揭示了消费者在现实中的行为复杂性，并挑战了传统经济学中关于消费者理性的基本假设。

2.1.2 非理性决策的现实挑战

随着研究的深入，学者们发现了许多理性决策理论难以解释的现象。为了更深入地研究这些非理性决策行为，行为决策理论逐渐发展并形成了三个主要阶段。

（1）有限理性与信息不对称

赫伯特·西蒙（Herbert Simon）在20世纪50年代提出了"有限理性"（Bounded Rationality）概念，指出消费者在现实中并不能获取和处理所有信息。他们的认知能力有限，通常只能根据有限的信息和经验进行决策。有限理性导致消费者常常依赖启发式（Heuristics）和经验法则做出决策，而这些决策并不总是效用最大化的。这一阶段的研究对象主要是判断和抉择，研究框架基于认知心理学，认为人的判断和抉择要经历信息获取、信息处理、信息输出及信息反馈四个环节，研究方法主要采用心理学实验方法。

（2）认知偏差的影响

行为决策理论发展的第二阶段介于20世纪70年代至80年代。丹尼尔·卡尼曼（Daniel Kahneman）和阿莫斯·特沃斯基（Amos Tversky）在这一阶段提出的"前景理论"（Prospect Theory）是描述性决策框架的代表性模型之一。他们发现人在不确定条件下进行判断和决策时常常是非理性的，通过大量实验研究，他们总结了很多决策偏差现象，如不确定性效应（Certainty Effect）、反射效应（Reflection Effect）、锚定效应（Anchoring Effect）、后悔理论、过分自信等现象，这些认知偏差揭示了消费者在不同决策情境下偏离理性决策的复杂性，也开启了关于"启发式与偏见"（Heuristics and Biases）的大量研究。该阶段另一个得到广泛关注的概念是1980年，由著名行为金融和行为经济学家Thaler提出的"心理账户"（Psychic Accounting），用于解释个体在消费决策时为什么会受到"沉没成本效应"（Sunk Cost Effect）的影响。而后，Kahneman和Tversky在研究过程中认为"心理账户"概念用"Mental Account"表述更贴切。1985年，Thaler教授发表《心理账户与消费者行为选择》一文，正式提出心理账户理论，系统地分析了心理账户现象，以及心理账户如何导致个体违背最简单的经济规律。这一发展阶段除了实验方法的运用，还涵盖了观察法、调查法等研究方法，这也为行为决策理论的发展打下了坚实的基础。

（3）情绪和社会压力

行为决策理论的第三个发展阶段始于 20 世纪 80 年代后期，这一阶段提出的决策模型关注于决策者的认知局限性、主观心理因素以及环境对决策者的心理影响等因素。该阶段，学者们提出了双系统模型，即基于直觉的启发式系统（Heuristic System）和基于理性的分析系统（Analytic System）。双系统模型认为，启发式系统与分析系统同时对决策或推理过程起作用，当启发式系统与分析系统的作用方向一致时，决策或推理的结果既合乎理性又遵从直觉，而当两个系统的作用方向不一致时，两个系统则存在竞争关系，占优势的则可以控制行为结果。Kahneman 和 Frederick 认为，启发式系统的激发是造成非理性决策的根源。消费者的情绪状态和社会环境对决策产生重大影响。例如，情绪高涨或低落时，消费者更容易做出冲动购买决策；而在社会压力下，消费者可能出于从众心理而选择迎合大众的商品。

在中国，行为决策理论的研究自 2000 年前后逐渐兴起，国内学者将上述理论广泛应用于心理学和消费者行为学领域，陆续发表了大量综述性和探索性文章及上述理论在消费者行为领域的应用性文章。该阶段的研究方法仍然是实证研究方法，只是研究目的由探索决策行为的内在机制转向了决策行为模型的修正和完善。表 2-1 简要总结了行为决策理论的发展历程。

表 2-1　行为决策理论发展历程

研究阶段	研究内容	理论基础	研究方法	代表人物
第一阶段（20 世纪 50—60 年代）	探索理性决策理论的不足和弊端	有限理性模型	心理学实验方法	Simon
第二阶段（20 世纪 70—80 年代）	深入探索决策行为的内在机制	前景理论、心理账户等	实验法、观察法、调查法	Kahneman、Tversky、Thaler
第三阶段（20 世纪 80 年代中后期至今）	行为决策模型的改善	双系统模型	实验法、观察法、调查法等实证研究方法	Kahneman、Frederick

2.2　非理性决策行为的表现形式

随着决策行为理论的不断发展及其在消费者行为领域内的渗入和完善，市场营销与消费者行为领域的学者发现了很多不以效用最大化为最终目标的决策行为，如攀比消费、从众消费、奢侈品消费、冲动消费等。这些行为的产生受到不确定情境因素的影响，且消费者无法控制这些因素，因此，决策结果通常偏离效用最大化。学者们将这些行为统称为非理性行为，并针对非理性决策的过程及后果展开了大量研究，其中冲动消费和从众消费的研究开始较早，取得了一系列的研究成果。

2.2.1 冲动购买

冲动购买（Impulse Buying）是非理性消费行为中最为普遍和显著的一种表现形式。早期学者认为，它通常发生在消费者没有经过充分考虑、计划外地购买商品时。后续有很多学者研究了这一行为背后的多种动因，如情绪的驱动、外部环境的诱惑和认知偏差的影响等。

（1）情绪驱动

情绪在冲动购买行为中起着至关重要的作用。Rook 于 1987 年通过回顾大量关于冲动行为的研究，从心理学领域中心理冲动性（Psychological Impulse）及冲动性行为（Impulsive Behavior）的角度解释了冲动购买，他指出，消费者的冲动性购买十分情绪化，常伴随着一种失控的感觉。这一定义将冲动购买行为的关注点由外在影响因素转向了内在影响因素。现有研究表明，消费者在情绪高涨时更容易冲动购买。例如，当消费者处于愉悦或兴奋的情绪状态时，他们往往会希望通过购买新商品来延续这种愉悦感受。同样，负面情绪如焦虑、压力或沮丧也可能导致冲动购买，作为一种情感调节的手段。通过购物来缓解情绪压力的现象在心理学上被称为"零售疗法"（Retail Therapy）。

而后，研究人员逐步开始认识到，冲动购买的本质实际上是购买者而不是产品经历了冲动，由此，研究的重心开始转向消费者自身。景奉杰和岳海龙（2005）关于消费者冲动性倾向测量的研究，是较早的一项跨文化基础研究。

（2）外部环境的诱惑

商家通过精心设计的营销策略，如促销活动、限时折扣、产品陈列方式等，都是诱发冲动购买的重要因素。例如，限时折扣制造了"错过即遗憾"的紧迫感，促使消费者在短时间内做出购买决策，而不经过充分的理性考虑。商场的环境设计、灯光和背景音乐也可以通过营造特定的氛围来影响消费者的情绪和购买欲望。

（3）认知偏差的影响

冲动购买往往与消费者的认知偏差密切相关。锚定效应使消费者过于依赖初始价格信息，从而认为折扣后的价格非常优惠，即使这种价格仍然超出他们的预算。沉没成本效应（Sunk Cost Fallacy）也会促使消费者继续购买不需要的商品，因为他们已经投入了一定的时间或金钱，不愿意承认这些投入是"沉没"的。

（4）冲动购买的后果

冲动消费的后果是多方面的。研究表明，冲动消费虽然能够带来即时的满足感，但往往也会导致焦虑、沮丧以及主观控制感的缺失。这种情感波动可能会加剧消费者的心理压力，形成恶性循环。更糟糕的是，冲动消费还可能对消费者的健康产生不利影响，特别是在涉及食物和饮料的冲动购买时。

总之，冲动消费不仅影响消费者的心理健康，还可能对其生理健康造成持久的负面影响。因此，理解冲动消费的深层次原因以及其广泛的后果，对于消费者和公共卫生政策的制定者都具有重要意义。

2.2.2 从众消费

从众消费（Herd Behavior in Consumption）是指消费者在决策过程中受到他人行为的强烈影响，倾向于跟随多数人的选择，而不是根据自己的偏好或理性判断。营销领域关于这一行为的研究，除了探索其产生的内在机制、识别并细化外在压力来源，也有越来越多的研究开始探讨消费者本身，如情感状态、个体特质等对从众行为的影响。

（1）社会影响理论与从众行为

从众行为可以通过"社会影响理论"（Social Influence Theory）来解释，该理论认为个体的行为和决策会受到群体规范、他人意见和社会压力的影响。心理学家 Asch（1952）的经典从众实验表明，当个体处于群体压力下，即使群体的观点是错误的，个体也倾向于从众，以避免与群体的分歧。Allen（1965）在研究中指出，如果群体中其他成员反对个体的观点，那么个体很可能由于这种社会影响而产生从众行为。Burnkrant 和 Cousineau（1975）在界定从众行为时也提到了群体的影响，他们认为当群体间形成某一规范后，个体有服从这一群体规范的倾向。这种社会压力在消费行为中表现为消费者往往会选择那些被多数人认同或追捧的商品，即使这些商品并非他们真正需要或喜欢的。

（2）信息级联效应

从众行为还可以通过"信息级联"（Information Cascade）来解释。在信息不对称或不完全的情况下，消费者往往会依赖他人的选择作为判断的依据。信息级联效应指的是，当一些消费者选择了某个商品或品牌后，其他消费者会基于这一选择推断该商品或品牌的优越性，从而跟随购买。这种效应在社交媒体和网络购物平台上尤为明显,热门商品和"网红"产品常常因信息级联效应迅速走红。

（3）从众消费的风险与后果

从众消费虽然在短期内可以减少个体决策的不确定性,但长期来看却可能导致不理性的消费决策。例如,消费者可能因为从众而购买了不适合自己的商品,或者因为追随潮流而超出预算,甚至背负债务。更为严重的是,从众行为可能导致市场泡沫的形成,正如"郁金香狂热"或"网络股泡沫"那样,消费者盲目追随市场趋势,忽视了理性分析的必要性,最终导致严重的经济损失。

2.2.3 过度消费

过度消费（Overconsumption）指的是消费者购买和使用商品的数量远超过其实际需求的行为。这种消费模式不仅导致个人经济资源的浪费,还可能对环境和社会资源造成巨大压力。

（1）物质主义与过度消费

物质主义（Materialism）是推动过度消费的重要心理因素。物质主义者将物质财富和商品拥有量作为衡量个人成功和幸福的重要标准,因此,他们往往倾向于过度消费,以此来展示自己的成就和地位。物质主义的社会文化氛围使得许多消费者不断追求更多的物质享受,导致无节制的消费行为。

（2）广告与消费文化的作用

现代广告和消费文化在很大程度上助长了过度消费的现象。广告通过渲染消费的乐趣和商品的必要性,激发了消费者的购买欲望,往往使他们产生"消费等于幸福"的错觉。同时,消费文化的传播也让消费者相信拥有更多商品是通向成功和满足的必经之路,从而加剧了过度消费的趋势。

（3）过度消费的心理与环境影响

过度消费行为不仅对消费者的经济状况和心理健康带来不良后果,还对环境和社会资源产生了深远的负面影响。从心理学角度来看,研究发现频繁的消费行为会使消费者对原本喜爱的商品（如零食、视频游戏）迅速感到厌倦,导致其满足感快速下降。这种情绪上的倦怠促使消费者不断追求新的刺激,以弥补减少的满足感,进而形成一种难以打破的过度消费循环。这一行为不仅加重个人的债务压力和经济负担,还可能导致心理满足的长期降低。

在环境方面,过度消费对资源的消耗和浪费更为显著,尤其是在快速时尚（Fast Fashion）等领域,资源的高强度使用和快速丢弃导致大量水资源、能源和劳动力的浪费。随着消费者对新产品和体验的持续需求,过度消费加剧了资源的不合理使用，进而带来更严重的环境问题。因此，过度消费在心理和环境两个维度上都产生了不利影响，不仅削弱了消费者的幸福感，还加重了社会和环境的负担。

这种综合性的分析有助于我们理解过度消费的广泛影响，也表明有必要从心理学和社会政策的角度采取措施，减少其对个人和社会的双重不利影响。

2.2.4 炫耀性消费

炫耀性消费（Conspicuous Consumption）是指消费者购买和展示奢侈品或高端商品，以此来显示社会地位、财富或身份的行为。这种消费行为不仅仅是为了满足物质需求，更是为了获得社会认同和心理满足。炫耀性消费的动机可以追溯到索尔斯坦·邦德·凡勃伦（Thorstein Bunde Veblen）在1899年提出的"炫耀性消费"理论，该理论认为富裕阶层通过消费奢侈品来彰显其社会地位。

（1）社会地位与身份认同

在社会阶层明显的环境中，炫耀性消费往往成为个人展示社会地位的重要手段，消费者通过购买和展示奢侈品来获取他人的尊重和认可。例如，在某些文化中，拥有豪华汽车、名牌手袋或高端电子产品被视为成功和财富的象征，这些商品的消费不仅满足了个人的虚荣心，还帮助其建立和巩固了社会地位。

（2）群体效应与从众心理

炫耀性消费也受到群体效应和从众心理的驱动。当一个社会或群体高度重视奢侈品时，个体往往会在群体压力下参与炫耀性消费，以避免被边缘化或视为失败者。这种行为在社会心理学中被称为"社会比较"（Social Comparison），即个人通过与他人的比较来评估自己的价值和地位。

（3）品牌与文化符号

奢侈品牌不仅是高端商品的代表，更成为了一种文化符号，象征着成功、地位和优越感。例如，路易威登（Louis Vuitton）和香奈儿（Chanel）等品牌通过精心策划的广告、名人代言和品牌故事，成功地将自己塑造成社会精英的象征。购买这些品牌的商品不仅满足了消费者的物质需求，更重要的是满足了他们的身份认同和社会归属感。这种文化符号赋予了商品超越其功能的价值，使得消费者愿意为之支付高昂的溢价。

（4）炫耀性消费的心理动机

从心理学角度来看，炫耀性消费往往源于个体的自我认同危机和内在不安全感。消费者通过购买奢侈品来弥补内心的空虚和自卑感，获得暂时的心理满足。这种行为可以被视为一种"补偿性消费"（Compensatory Consumption），即消费者通过物质上的优越感来掩盖心理上的缺陷或不足。

2.2.5 情境诱导的非理性消费

消费者的非理性行为往往是由特定的情境因素所诱导的。这些情境因素包括营销策略、产品环境和社会互动等，它们通过影响消费者的感知和情绪，促使消费者做出非理性的购买决策。

（1）营销策略的诱导作用

商家通过设计精巧的营销策略来诱导消费者进行非理性消费。例如，限时优惠、捆绑销售和"买一送一"等促销手段通过制造紧迫感和稀缺感，迫使消费者在没有充分考虑的情况下做出购买决策。视觉营销和产品陈列的设计也对消费者的决策产生了深远影响，如将高利润商品摆放在显眼位置，或者通过色彩、灯光和音乐来营造特定的购物氛围。

（2）产品环境与情境感知

产品的物理环境，如包装、陈列和商店布局，都会影响消费者的情境感知。研究表明，优雅的包装、精致的陈列和宽敞明亮的购物环境会增加消费者对产品的好感度，并促使他们做出购买决策。购物环境的设计不仅影响了消费者的感官体验，还通过潜移默化地影响他们的情绪和认知，使他们更容易被诱导做出非理性的购买行为。

（3）社会互动与人际影响

在社交场合和人际互动中，消费者常常受到他人的影响而做出购买决策。例如，朋友的推荐、社交网络中的评论和评分，都会影响消费者的选择。这种人际影响使得消费者在决策时不仅考虑个人偏好，还会顾及社会认同和他人的看法，从而可能做出违背自身真实需求的决策。

2.3 非理性决策背后的心理机制

非理性消费行为背后隐藏着复杂的心理机制。这些机制不仅解释了消费者为何偏离理性决策，还揭示了外部环境如何通过影响心理过程来改变消费者的行为。

2.3.1 启发式与认知偏差

启发式（Heuristics）是指人们在面对复杂决策时，为了简化判断过程而使用的一种快速但不总是精确的规则。这些规则通常基于经验或直觉，在大多数情况下能有效帮助人们快速决策。然而，由于启发式的简单性，它们在特定情境下可能会导致系统性的认知偏差（Cognitive Biases）。认知偏差是系统性偏离理性判断的结果，通常会影响消费者的决策过程。

(1) 可得性启发式

可得性启发式（Availability Heuristic）是指人们在判断事件的频率或可能性时，倾向于依赖那些更容易回想起来的信息。由于这种依赖性，消费者可能会错误地高估某些品牌的质量或影响力。例如，当某个品牌的广告频繁出现在媒体上时，消费者会倾向于认为该品牌更有知名度和可信度，尽管这种感知可能并不符合实际情况。可得性启发式利用了人类记忆中信息的可获得性，影响了消费者对品牌和产品的选择偏好。

(2) 锚定效应

锚定效应（Anchoring Effect）指人们在做决策时往往会过度依赖最初获得的信息或数值（即"锚"）。这种效应会在消费者决策过程中发挥重大作用。例如，当消费者看到一个商品的原价很高时，即使打折后价格依然偏高，他们仍然会因为锚定于原价而认为折扣后的价格具有吸引力。锚定效应导致消费者在决策时出现系统性偏差，对价格敏感度的判断不准确。

(3) 代表性偏差

代表性偏差（Representativeness Bias）是指人们在评估事件的可能性或特征时，往往依赖于其表面特征的相似性，而忽视其实际概率或其他更重要的因素。在消费者行为中，代表性偏差可能导致消费者根据产品的包装、品牌声誉或广告宣传来判断其质量，而忽视了实际的品质指标，如成分、使用体验和价格效益比等。这种偏差使消费者在决策过程中易受误导，做出不合理的购买决定。

2.3.2 情绪与情感的作用

情绪和情感在消费决策中扮演着重要角色。研究表明，情绪不仅会影响消费者的认知和判断，还会直接驱动消费行为。情绪与情感的影响深刻体现在消费者的购买动机和品牌忠诚度上，决定了消费者在不同情境下的选择偏好和行为模式。

(1) 情绪驱动的消费行为

情绪驱动的消费行为研究显示，不同情绪状态会引发不同的消费反应。积极情绪（如快乐和兴奋）通常促使消费者更愿意冒险，进行高消费决策；相反，消极情绪（如焦虑和悲伤）可能导致冲动购买行为，作为缓解负面情绪的一种途径。当消费者体验到负面情绪时，他们可能倾向于通过购物获得即时的情感补偿，尽管这些决策往往是不理性的。此外，情绪状态对消费者的风险偏好和信息处理深度也有显著影响，这决定了他们对产品和品牌的选择。

（2）情感依恋与品牌忠诚

情感依恋（Emotional Attachment）是指消费者对某品牌或产品的强烈情感联系，这种依恋不仅能增强品牌忠诚度，还能影响消费者在面对其他更优选择时的坚持行为。强烈的情感依恋使消费者在购买过程中表现出较高的重复购买倾向，即使有替代品牌存在，他们仍会优先选择自己情感依恋的品牌。研究表明，情感依恋与品牌忠诚度之间的关系不仅取决于消费者的情感强度，还受到品牌价值观与消费者自我概念一致性的影响。此外，情感依恋通过增加消费者的品牌归属感，提升了品牌在消费者心目中的认知价值和偏好程度。

2.3.3　社会认同与从众行为

社会认同理论（Social Identity Theory）和从众行为理论（Conformity Theory）解释了消费者在决策时为何会受到他人和群体的强烈影响。这些理论揭示了消费者行为中的社会动因，即消费者如何通过群体行为来确定自我身份和做出购买决策。

（1）社会认同与自我概念

社会认同理论认为，个体的自我概念部分来源于他们所归属的社会群体。消费者往往通过购买特定品牌或产品来表达自己的社会身份，并获得群体认同。例如，选择购买奢侈品牌的消费者可能是在向他人展示自己的社会地位和个性特征。这种行为不仅是一种自我表达的手段，也是一种群体行为的表现，旨在与某些特定的社会群体保持一致。

（2）从众行为的心理动力

从众行为的驱动力在于人们对被接受和认可的渴望。当消费者看到大多数人选择某一商品时，他们倾向于认为这是一个正确的选择，从而跟随大多数人的决策。这种行为在很大程度上源于社会规范的压力，消费者希望避免因偏离群体选择而产生的焦虑或不安。从众行为可以在购物情境中增加产品的可信度和安全感，尤其在消费者对某一产品缺乏足够了解时更为显著。

2.3.4　环境与情境因素

情境因素（Situational Factors）如购物环境、时间压力和社会氛围，对消费者决策的影响越来越受到研究者的重视。不同的情境能够显著改变消费者的心理状态，从而影响其决策过程。这些因素通常通过影响消费者的情绪、认知负荷和风险感知，来改变他们的购买行为和偏好。

（1）购物环境的影响

购物环境中的视觉和听觉元素（如商场布局、灯光、音乐）会显著影响消费者的情绪和感知，从而间接影响其购买决策。例如，温暖的灯光和舒缓的音乐可以使消费者感到放松，延长购物时间，并增加购买概率。这些环境因素通过感官刺激和心理暗示，创造了一种积极的购物氛围，促使消费者更容易做出购买决定。

（2）时间压力与决策偏差

时间压力是影响消费者决策偏差的重要情境因素。当消费者面临时间限制时，他们往往会依赖简单的决策规则和启发式（如可得性启发式或锚定效应），从而增加认知偏差的可能性。例如，在促销活动中，限时折扣会迫使消费者仓促做出购买决策，而忽视商品的实际需求和价值。研究表明，时间压力不仅会降低消费者的信息处理深度，还会增加他们对商品选择的焦虑感。

2.4　本章小结

本章围绕消费者决策行为的理性与非理性，揭示了传统经济学中的理性假设在现实中的局限性。通过行为经济学的研究，学者们指出消费者往往因信息不对称、认知偏差、情绪驱动和社会压力而偏离理性选择。消费者的非理性行为，如冲动购买、从众消费和炫耀性消费，展现了情绪与环境、认知与社会因素的综合作用。此外，情境因素通过改变消费者的感知和情绪，进一步强化了这些非理性行为。这些洞见为更全面理解消费者决策的复杂性提供了多维视角，并为后续章节探讨消费者福利和脆弱性奠定了基础。

3 消费者脆弱性的面纱

"脆弱性"（Vulnerability）这一概念早期常出现在对自然系统的研究中，学者们将其定义为系统对干扰（如自然灾害、气候变化等）的反应能力，或系统受到干扰的程度和可能性。后来陆续有学者将其引入经济管理领域，用来研究经济金融、信息安全、供应链等领域的脆弱性，指出脆弱性是系统面对诸多不利影响而呈现出的一种状态。随着对脆弱性研究的不断扩展，营销领域的学者们也开始关注这一关系社会稳定和消费者福利的重要课题。

3.1 消费者脆弱性的定义

早期学者对消费者脆弱性（Consumer Vulnerability）的界定借鉴了脆弱性在词典中的定义，认为消费者脆弱性指"容易受到人为或自然的伤害；容易从行动或不作为中受到伤害"。这一概念强调了消费者脆弱性的结果，即受到伤害，但其并未明确消费者脆弱性的内涵实质。

此后，大部分学者都将消费者脆弱性等同于容易经历脆弱的特殊群体所具有的不利的人口统计特征，如儿童、老年人、低教育水平群体、低收入群体。虽然人口统计特征被很多学者用来界定消费者脆弱性，但是在不同的研究中，界定标准并不统一。例如，Andreasen 和 Manning（1990）的研究认为，脆弱的消费者包括儿童、老年人、低教育水平人群、低收入人群、残疾人、少数民族及有语言障碍的人。而在 Smith 和 Cooper-Martin（1997）的研究中，并未从年龄的视角来划分脆弱的消费者。

随着研究的深入，有学者指出，消费者脆弱性并不仅限于特殊群体，亦与营销情境相关，应该是消费者内在因素和社会外在因素共同作用的结果。例如，Brenkert（1998）认为，在特定情境中，所有人都可能受到来自销售人员的伤害，如果这种伤害发生，那么消费者便会经历脆弱性。Commuri 和 Ekici（2008）也认为，当消费者处于某一特定状态时，如果有人或事导致他们受到伤害，那么他们就是脆弱的。在综合考虑个体特质、个体状态及外部条件的基础上，Baker 等人（2005）提出了关于消费者脆弱性的研究框架（图 3-1）。他们指出，消费者脆弱性是一种无能为力的状态，这种状态来自市场互动中的失衡,或来自市场信息和产品的消费。当控制权不掌握在消费者手中的时候,脆弱性便发生,同时为了在市场中创建公平,产生了对外部因素(例如,市场)的依赖。该定义从宏观营销的视角,将消费者脆弱性作为一种状态,强调其与情境相关,目前使用较为广泛。然而,也有学者指出,该定义在指导公共政策方面存在一定的局限性,因为政策制定者不可能考虑到所有可能经历脆弱的情境。更重要的问题在于,这一定义由于源自经济学和宏观营销的视角,对普通的营销学尤其是消费者行为的研究并不适用。

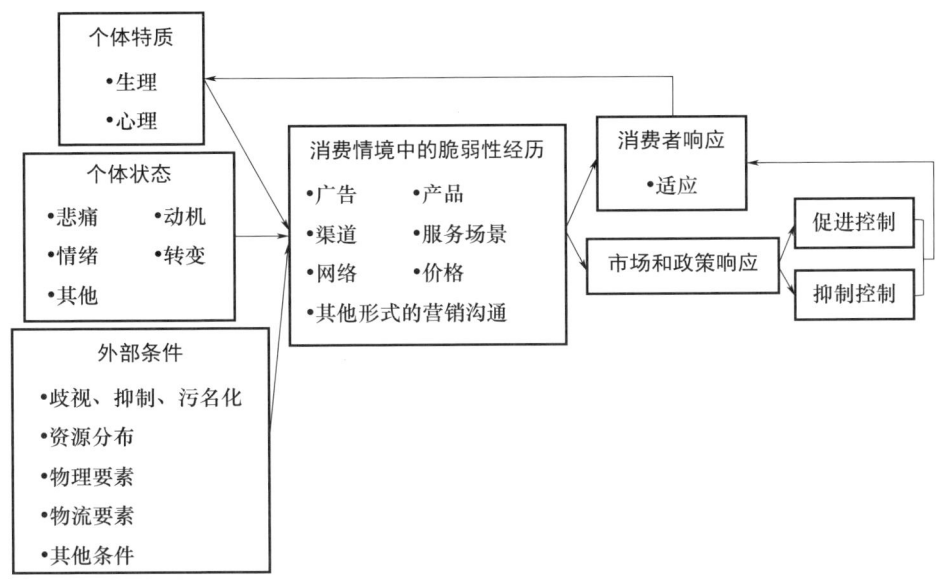

图 3-1 消费者脆弱性研究框架

目前关于消费者脆弱性的定义,主要从三个不同的角度进行界定:消费者脆弱性导致的后果、与消费者脆弱性相关的个体特质、个体特质与外在因素共同作用的结果。表 3-1 总结了目前关于消费者脆弱性的典型定义。

表 3-1 消费者脆弱性定义

角度	典型定义	来源
后果	容易受到生理或情感上的伤害;容易受到人为或自然的伤害;容易从行动或不作为中受到伤害	词典 Goodin,1985

续表

角度	典型定义	来源
个体特质	脆弱的消费者是那些在交换关系中处于劣势的人，这种劣势归因于交易时大部分无法被其控制的特征	Andreasen 和 Manning，1990
	脆弱性的四种表现：生理敏感、生理能力、心智能力及精通程度	Morgan 等，1995
	消费者脆弱性取决于消费者的营销知识及能否意识到不公平的营销实践	Lee 和 Soberon-Ferrer，1997
	脆弱的消费者是那些在经济交换或由经济交换导致的对经济、生理或心理伤害很敏感的人，这种敏感源于限制他们最大化自身效用和福利的特征	Smith 和 Cooper-Martin，1997
	脆弱的消费者是那些对广告、产品效果或者二者理解能力有限的人	Ringold，2005
	脆弱的消费者是那些在不满的购物经历和失败的投诉中蒙受损失的人	Garrett 和 Toumanoff，2010
个体特质与外在因素共同作用	消费者脆弱性是四种关系相互作用的结果：一些人（P）对特定情境（C）中可能带来伤害（H）的另一主体（A）是脆弱的	Brenkert，1998
	消费者对营销欺诈情况的脆弱性取决于内在因素，如贪婪、孤独和动机	Langenderfer 和 Shimp，2001
	消费者脆弱性是一种无能为力的状态，这种状态来自市场互动的不平衡或营销信息和产品消费的不平衡	Baker 等，2005
	消费者脆弱性可以假设为两种成分之和：系统的基于群体的成分，以及短暂的基于状态的成分	Commuri 和 Ekici，2008

3.2 消费者脆弱性的影响因素

关于脆弱性的产生机制，大部分学者将其视为一种状态，并从感知控制缺失的视角进行了阐释，他们认为从本质上来说，消费者在内外因素的影响下将改变对自身或周围环境的控制感，而这种控制感的缺乏则导致其更有可能经历脆弱性。以下将从消费者脆弱性的影响因素出发，进而阐述消费者脆弱性的产生机制。

3.2.1 内在影响因素

内在影响因素主要包括与人口统计变量相关的个体特征，以及个体生理状态、心理状态等。例如，很多研究发现，人口统计变量中与认知能力相关的变量如年龄、教育水平，与社会地位、权力相关的变量如收入水平，以及最近有研究人员关注的跨性别这一变量，都会影响消费者脆弱性程度的高低。具体来说，儿童由于无法理解广告的真正意图，经常对广告持有错误的理解，或者完全不怀疑的态度，脆弱性程度较高；老年人面对不断变化的购物环境，常常难以搜寻及评价信息，以至于不得不依靠边缘线索（如电话诈骗中提到的好处）制定决策，呈现出较高的脆弱性；教育水平较低的消费者当面对具有误导性的刺激时，由于理解能力有缺陷而更有可能成为受害者；低收入人群经常会遭受社会不公平待遇，并且他们没有足够的能力来摆脱这种不对称的关系，也具有较高的脆弱性；而跨性别群体，由于特殊的性别身份，他们经常被污名化且受到歧视，因此，在社会和营销情境中他们常常呈现出较高的脆弱性。

个体生理状态，如生理机能下降、残疾、疾病等，也会导致较高的消费者脆弱性。Rosenbaum 等（2017）指出，盲人、听力障碍等处于脆弱状态的个体，更容易在服务情境中遭到歧视。Moschis 等（2011）认为，老年人由于生理机能衰退，在消费过程中经常成为受害者。例如，由于视物模糊，他们无法辨认包装上的警告信息，导致购买之后由于使用不当受到伤害；由于缺乏社会联系，他们更多地依赖商业信息进行决策，也更乐于接受能够增加互动的营销手段，这使他们更容易成为营销诈骗的受害者。Kaufman-Scarborough（2001）指出，很多零售商店在设计时并未考虑患有残疾的消费者的需求，从而使这部分群体无法顺利地实现购买计划。Pathak 等（1993）的研究表明，患有高血压的消费者，觉得被"惹恼"的程度更高，他们在购买药品时选择很少甚至无法选择，从而不得不承受高昂的价格。

心理状态，如自我控制、悲痛、疲惫等，增加了消费者在消费过程中经历脆弱性的概率。Langenderfer 和 Shimp（2001）在研究消费者对欺诈行为的脆弱性时发现，自我控制能力低的人，当面对诈骗销售时，可能不会仔细审查相关信息，而是本能地接受所谓的好处。Gentry 等人（1994）指出，亲人过世而遭受悲痛的消费者，监控交易的能力和欲望都处于较低水平，部分商家将利用这一点向他们过高或错误地收取费用，导致他们经历暂时的脆弱。Lisjak 和 Lee（2014）的研究表明，当消费者感到疲惫时，他们会变得更加冲动，但与以往结论不同的是，他们认为这种冲动也会带来好处，即疲惫的消费者在面对潜在的危险时将感知自己更加脆弱，因此，更偏爱强调安全性的产品。

3.2.2 外在影响因素

影响消费者脆弱性的外在因素，与公共资源、社会文化、营销情境等相关。资源分配的不平衡，会导致部分消费者的选择十分有限，继而导致他们无法顺利满足自身需求。Hill 和 Stamey（1990）研究了美国无家可归的消费者的消费行为，他们的结论表明，这部分人群在消费过程中常常面临很多约束从而限制了他们像普通消费者一样行使自己的权利。Franzak 等人（1995）在研究关于癌症治疗的议题时发现，不公平的社会资源分配导致农村地区医疗服务供给不足，致使农村居民常常得不到合适的治疗，因此，相比城市居民，他们更加脆弱。

文化差异、社会媒体舆论都会影响消费者的行为，如果消费者不适应新的环境、无法融入新的文化氛围，无视或者过分关注媒体信息，那么他们很容易被市场环境影响。Tuncay 和 Otnes（2008）发现，由于文化不同，有些城市的异性恋男性购物者，在购买时尚产品和化妆品时，如果面临不合适的说服策略，会感到男子气概受损而在市场中经历身份脆弱。Penaloza（1995）在研究美国的墨西哥移民时发现，他们在有些地区并不受欢迎，并且由于语言、身份等差异，他们经常在消费过程中遇到困难。

在很多营销情境中，商家实施的营销策略，或者针对某些人群发布的具有误导性的广告，会让消费者在制定决策时变得脆弱。Russo 等人（1981）的研究表明，商家会利用具有误导性的广告声明来提高销售量，而消费者对这些声明通常没有分辨能力，并且往往在购买过程中利用错误的信念制定决策。Walsh 和 Mitchell（2005）的研究表明，随着相似产品数量的增加，消费者越来越难区别不同品牌的产品，以至于不得不蒙受由于错误购买造成的损失。Scheibe 等人（2014）在研究脆弱的消费者对诈骗的敏感性时发现，电话营销往往需要消费者快速理解、评价并整合相关信息，如果消费者信息处理能力较差无法及时响应的话，他们将成为电话营销的诈骗对象。

3.2.3 产生机制

大部分学者将消费者脆弱性视为一种状态，在他们的研究中，不同的影响因素将导致特定的脆弱性。例如，内在因素，如年龄、教育水平，更可能导致认知脆弱；生理状态，则更容易导致生理脆弱（如过敏体质群体）。而外在因素，如文化差异、种族歧视等，则会导致身份脆弱。有学者在研究中指出，这些因素都超出了消费者的控制范围，从而使消费者感到无法控制周围环境甚至无法改变自己，这种控制感的缺乏导致他们更有可能在消费情境中经历脆弱性。图 3-2 基于感知控制缺失的观点，总结概括了消费者脆弱性的产生机制。

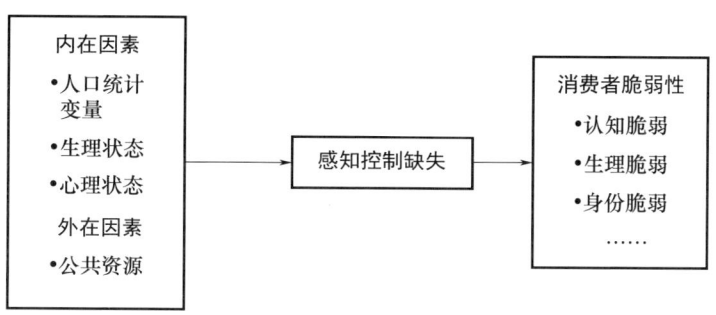

图 3-2　消费者脆弱性产生机制——感知控制缺失视角
资料来源：文献整理。

由图 3-2 可以看出，当学者们将消费者脆弱性视为一种状态时，感知控制缺失可以作为一种解释机制。然而，根据本研究的观点，消费者脆弱性是消费者的一种个体特质，它是持久的稳定的，其控制感的变化随情境变化并不显著。感知控制的变化，实质上影响的是消费者脆弱的状态。因此，当本研究将消费者脆弱性视为个体特质时，只能确认内外因素影响消费者脆弱性，而其与感知控制缺失之间的因果关系无从推断。

3.3　消费者脆弱性的影响结果

脆弱的消费者往往会做出有损自身福利的决策。而消费者福利，除了包括与产品本身相关的功能性福利之外，如今受到更多关注的是来自整个消费过程的情感体验。以下将从产品购买决策、情感体验两个方面来回顾消费者脆弱性所导致的不良后果。

3.3.1　对产品购买决策的影响

通过回顾以往对特殊群体消费行为的研究，我们发现，脆弱性程度高的消费者，在决策过程中更容易受到外在刺激或诱惑的影响，这使得他们的决策过程变得更加困难，也使他们的购买决策往往变得无效。例如，以往的研究结果表明，儿童由于认知能力有限，在决策过程中很难意识到广告的真正意图，甚至会基于对广告的错误理解进行决策。对于老年人来说，当铺天盖地的广告信息袭来时，由于认知资源有限，他们很难像年轻人一样搜寻和评估信息，这不仅使他们的决策过程相比普通消费者来说更加困难，更严重的是，他们更有可能利用带有欺骗性或误导性的边缘线索做出对自己不利的决策。Jae 和 Viswanathan（2012）的研究结果也表明，低教育水平的消费者在面对误导性刺激时更容易做出可能让自己受到伤害的决策。Langenderfer 和 Shimp（2001）在研究中发现，被社会孤立的消费者，为了获得与他人互动的机会，更容易按照那些拼命说服他们的诈骗者的提议进行决策。

然而，与上述研究结论不同的是，Andreasen（1993）发现，许多特殊群体，如穷人和老年人，他们在进行购买决策时并没有感到困难，即使他们遇到困难，也不知道如何处理。他认为，导致这一结果的原因之一，可能在于这些特殊群体能够选择的产品或服务太少，以至于他们很少出错。

3.3.2　对情感体验的影响

消费者脆弱性对情感体验的影响更多发生在购买过程及购后评价中。虽然购后评价相关指标如不满、抱怨等，可以反映消费者的情感体验，但是这些评价指标在消费者脆弱性的研究中并未广泛采用。有学者指出，脆弱的消费者虽然可能在消费过程中经历更多的不满，但是他们向相关部门投诉的可能性反而更低，有些消费者不知道如何解决令人不满的购物经历，有些消费者则不愿意揭露自己受骗的经历。

目前关于消费者脆弱性对情感体验的影响，讨论更多的是购买过程中经历的负面情绪，以及这些负面情绪对自我相关概念的影响。例如，Andreasen（1993）的研究发现，当在所属社区外的商店购物时，少数族裔消费者常常感到自己不受欢迎。Roper 和 Shah（2007）的研究结果表明，儿童在品牌选择时可能会经历自卑的情绪，因为如果他们在同辈间未拥有合适的品牌，他们可能遭到歧视，也可能被欺辱、被排挤，不仅儿童本身会产生负面情绪，他们的父母也会感到内疚。Moschis 等人（2011）认为，老年消费者由于被社会孤立，常常依赖大众传媒中的商业信息进行决策，而大众传媒往往将老年人刻画为"没有能力"的消费者，这不仅让他们变得不自信，也损害了他们的自尊。

图 3-3 总结并概括了如上所述的消费者脆弱性研究现状。

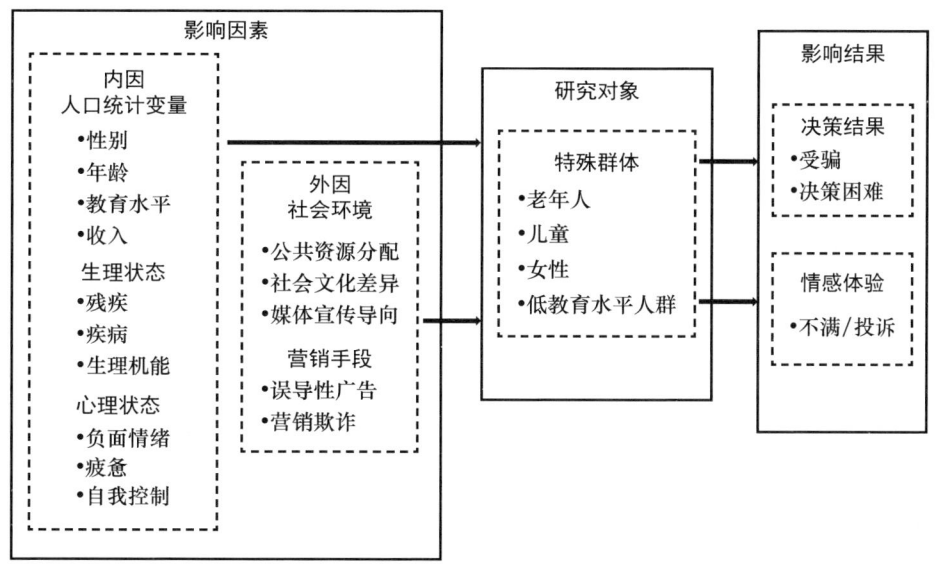

图 3-3 消费者脆弱性研究现状

3.4 本章小结

本章深入探讨了消费者脆弱性的概念及其产生机制和影响结果。首先，梳理了消费者脆弱性的多种定义，指出这一概念既包含特定人口特征导致的脆弱性，也涉及内在因素与外在环境共同作用下的状态。其次，分析了消费者脆弱性的内在和外在影响因素，包括人口统计特征、生理和心理状态、文化差异和市场营销情境等，这些因素在不同情境下影响消费者的感知和行为。最后，讨论了脆弱性对消费者决策和情感体验的负面影响，表明脆弱性不仅导致了有损消费者福利的决策，还使消费者在消费过程中经历负面情绪和社会压力。

通过对脆弱性概念的多角度分析，本章为进一步研究消费者脆弱性在具体市场中的表现及其对消费者福利的长期影响提供了理论框架，并为后续章节提出有效的策略和政策干预以改善消费者福利打下了基础。

4 消费者福利的多维分析

在前几章中,我们探讨了消费者行为的基本理论框架以及影响消费者决策的多种因素。在这一章,我们将深入分析消费者福利(Consumer Welfare)的概念及其在不同市场环境中的表现。消费者福利作为消费者行为研究中的核心议题,不仅涉及经济效用,还涵盖了主观幸福感、情感体验和社会认同等多个维度。通过对消费者福利的多维分析,本章旨在为理解消费者行为背后的复杂机制提供更加全面的视角。

4.1 消费者福利的概念与理论基础

消费者福利的概念在学术研究中具有多重定义,随着研究的深入,其内涵也逐渐丰富和扩展。通过多学科的理论视角,如经济学、行为经济学、心理学和社会学,研究者试图从不同的角度解读消费者福利的复杂性。本节将详细梳理消费者福利的核心概念和理论基础。

4.1.1 经济学视角下的消费者福利

传统经济学将消费者福利定义为消费者剩余,即消费者愿意支付的最高价格与实际支付价格之间的差额。消费者剩余反映了消费者在市场交易中获得的净效用,通常用于衡量市场政策或价格变化对消费者的影响。通过消费者剩余的计算,经济学家们可以评估政策变化对整体市场效率和福利分配的影响。

然而,这一定义主要关注消费者的经济效用,而未能全面捕捉其在消费过程中的主观体验和情感反应。特别是在复杂的市场环境中,消费者的福利不再仅仅依赖于物质商品的交换价值,而是更依赖于消费过程中的感知价值和情感满足。这种局限性促使学者们寻求更全面的理论框架来解释消费者福利。

在微观经济学领域,消费者福利通常与市场需求曲线密切相关。当价格下降时,消费者的消费者剩余增加,表明其福利水平提高。这一基本原理在各种市场分析中得到了广泛应用,尤其是在评估价格政策、税收和补贴对消费者福利的影响时。然而，这种以价格为中心的分析方法忽略了非价格因素对消费者福利的复杂影响，例如消费者的情感体验和社会环境的变化。

4.1.2 行为经济学与心理学的补充

行为经济学和心理学的研究表明，消费者在做出决策时往往受到认知偏差和情感因素的影响，这使得消费者福利的衡量必须超越传统的经济效用范畴。Kahneman 和 Tversky 的前景理论（Prospect Theory）指出，消费者在面对风险和不确定性时，其决策行为可能偏离理性选择路径，从而影响其福利。

前景理论的一个关键概念是损失厌恶，即消费者对损失的敏感度通常高于对收益的敏感度。这一现象表明，在相同的客观条件下，消费者可能会因为不同的心理感知而做出对福利有不同影响的决策。例如，在面对相同的价格波动时，消费者可能会因为潜在的损失而感到极大的压力，导致其感知福利大幅下降。这一发现促使学者们重新审视消费者福利的定义，强调应考虑消费者的心理状态和感知风险。

此外，心理学研究进一步强调了情感体验和主观幸福感在消费者福利中的重要性。研究表明，消费者的情感状态和社会认同感在很大程度上决定了其对消费体验的评价。例如，积极的情感体验通常会提升消费者的主观幸福感，进而提高其整体福利水平。这一理论在品牌忠诚度、顾客满意度和情感依赖等研究领域得到了广泛应用。

消费者的主观幸福感不仅受到即时消费体验的影响，还受到长期情感关系的影响。例如，品牌依赖关系的建立通常会带来更高的消费者满意度和忠诚度，这不仅增加了消费者的情感福利，还可能提高其经济福利。相反，当消费者感到情感上受到背叛或不满时，其主观幸福感可能会显著下降，进而影响整体福利。

4.1.3 社会学与文化的视角

社会学和文化研究为消费者福利提供了更为宏观的解释框架。消费者福利不仅与个体的经济利益和心理满足相关，还与社会认同、文化适应性等社会因素密切相连。不同的文化背景下，消费者的价值观和行为模式各异，这些差异直接影响了其对福利的感知和追求。

Hofstede 的文化维度理论揭示了文化背景对消费者幸福感的深远影响，强调了社会和文化环境在消费者福利形成中的重要性。例如，在集体主义文化中，消费者的福利感知可能更多地受到社会群体的影响；而在个人主义文化中，个体的自主性和独立性可能对福利感知更为重要。

在社会学的视角下，消费者福利还受到社会资本的影响。社会资本包括人际关系网络、社会信任和互惠规范等因素，这些因素在很大程度上影响消费者的社会认同感和归属感。研究表明，高社会资本水平通常与更高的消费者福利相关，这是因为良好的社会关系和信任可以减少消费者的决策压力，提升其消费体验。

此外，文化适应性也是影响消费者福利的重要因素。在全球化的背景下，跨文化消费成为常态，消费者在不同文化环境中的适应性将直接影响其消费体验和福利感知。研究发现，当消费者能够成功适应新的文化环境时，其整体福利水平会显著提升；反之，文化冲突和适应困难则可能降低其福利。

4.2 消费者福利的多维度衡量

随着消费者福利概念的扩展，学者们提出了多种衡量消费者福利的方法。这些方法不仅关注经济利益，还涉及主观幸福感、情感体验、社会认同等多方面内容。本节将详细探讨这些多维度的衡量方法及其在不同研究中的应用。

4.2.1 传统经济福利衡量方法

消费者剩余是传统的消费者福利衡量方法，通过衡量消费者愿意支付的价格与实际支付价格之间的差额，来估算其从市场交易中获得的净效用。尽管这一方法在政策分析中广泛应用，但其局限性在于未能全面捕捉消费者的主观体验和情感反应，特别是在面对复杂决策情境时，消费者的福利可能不完全反映在经济效用中。

经济学中的消费者剩余通常通过需求曲线下方的面积来表示，这是一个静态的衡量工具。然而，随着市场环境的动态变化，这种静态分析方法逐渐暴露出其局限性。例如，在面对价格波动时，消费者剩余无法反映消费者在信息不对称或认知负荷增加情况下的福利变化。

尽管如此，消费者剩余作为一种简单且有效的工具，仍然在评估市场政策、税收和价格调整对消费者福利的影响时得到了广泛应用。通过将市场需求曲线与供给曲线结合，经济学家能够识别市场效率的变化，并评估这些变化对不同群体的福利影响。

4.2.2 主观幸福感与生活满意度

主观幸福感（Subjective Well-Being，SWB）已经成为衡量消费者福利的重要维度。Diener 等人提出的主观幸福感量表通过评估个体对生活质量的整体满意度来衡量幸福感。这一方法不仅考虑了经济福利，还涵盖了情感满足、社会认同和心理健康等方面，为理解消费者福利提供了一个更全面的框架。

主观幸福感的研究不仅局限于个体的即时感受，还包括其对未来生活的期望和对过去经历的反思。研究表明，消费者的主观幸福感在很大程度上受到其生活满意度、心理韧性和社会支持的影响。主观幸福感的多维度分析能够捕捉消费者在不同生活阶段中的福利变化，并为政策制定者提供有价值的洞见。

此外，主观幸福感的动态变化也是研究的重要方向。例如，生活事件、健康状况和社会环境的变化都会显著影响个体的主观幸福感。通过长期跟踪调查，研究者能够识别不同因素对主观幸福感的持续影响，并提出有针对性的干预措施，以提高个体的整体福利。

4.2.3　情感福利与社会福利

情感福利关注消费者在消费过程中的情感体验，包括愉悦、满足，除了这些反映正向指标，也有学者研究了反映消费者福利的负向指标，如消费者抱怨和后悔等。情感福利的研究表明，情感体验对消费者的整体幸福感具有重要影响。Thomson 等人的研究指出，消费者对品牌的情感依赖显著影响了其购买决策和整体幸福感，而社会福利则强调消费者通过消费活动获得的社会效益，如社会认同、归属感和社会地位的提升。

情感福利的衡量通常通过情感量表和情感事件分析等方法来实现。例如，消费者在购物过程中的情感波动可以通过自我报告量表来记录，而这些情感波动往往与消费者的决策满意度和品牌忠诚度密切相关。情感福利的研究揭示了消费者在消费过程中所体验的复杂情感，帮助企业和市场营销者更好地理解消费者需求。

社会福利的研究则更多地关注消费者在社会环境中的角色和地位。社会认同感、归属感和社会资本等因素在很大程度上决定了个体的社会福利水平。例如，在集体主义文化中，消费者的社会认同感可能比个人成就感更重要，这对其整体福利产生了深远影响。通过社会福利的多维度衡量，研究者可以识别不同社会群体中的福利差异，并提出针对性的政策建议。

4.2.4　动态福利衡量方法

近来也有越来越多的学者开始关注消费者的动态满意。例如，Mittal（2001）等人发现，决定整体满意度的产品属性的重要性会随着时间发生变化，而且整体满意度和行为意愿之间的关系也会随时间的变化而变化。此后，有学者提出了持续满意和动态满意的概念，并试图找出满意度随时间变化的规律。奚恺元曾于 2004 在复旦大学和中欧国际工商学院的演讲中谈到，财富的终极目标是使我们的幸福感最大化。Hsee（2008）等人发现，财富和消费的增加很可能会增加幸福感，但这样增加的幸福感不一定长久。为此，他们提出两点建议，一是投资那些不易适应的消费，二是投资那些具有内在价值的消费。Xiao（2011）等人在对一项基于中国消费者数据的研究中发现，有意愿购买并实际购买了价格较高的绿色商品的人比其他消费者的幸福感程度高。辛红（2013）等人论述了持续幸福感的影响因素、中间机制。他们发现，有意图的活动即幸福干预，可以提升幸福感，这为以后的研究开辟了新的领域。

动态福利的研究表明，消费者的福利状态并非一成不变，而是随着时间、市场环境和个体经历的变化而波动。研究者通过长期跟踪调查和纵向数据分析，能够捕捉消费者福利的动态变化趋势，并识别影响这些变化的关键因素。例如，在面对经济危机或市场波动时，消费者的福利状态可能会经历显著的波动，而这些波动往往伴随着心理压力和情感不适。

动态福利的研究为政策制定者提供了重要的参考依据，帮助他们设计更加灵活和适应性的政策措施，以应对市场变化对消费者福利的冲击。同时，动态福利的研究也为企业提供了洞见，帮助他们在快速变化的市场环境中保持竞争力，并提升消费者的长期满意度和忠诚度。

4.3　消费者福利的影响因素

消费者福利受到多种因素的影响，这些因素可以分为内部因素和外部因素两大类。内部因素包括消费者的心理状态、情感反应和认知能力，而外部因素则包括市场环境、社会文化和政策干预。本节将详细分析这些影响因素及其对消费者福利的作用机制。

4.3.1　内部因素：心理与情感

消费者的心理状态和情感反应在很大程度上决定了其福利水平。研究表明，消费者的情感状态不仅影响其对消费体验的满意度，还会影响其整体幸福感。例如，当消费者在购买过程中感到愉悦或满足时，其福利水平会显著提高，而焦虑或不安则会降低其福利。

消费者的心理韧性和应对策略也是影响其福利水平的重要内部因素。例如，在面对市场波动或个人经济状况变化时，心理韧性强的消费者往往能够更好地调整自己的情感状态，从而维持较高的福利水平。相反，缺乏心理韧性的消费者可能会因为情感波动而经历显著的福利下降。

此外，消费者的认知能力和信息处理能力也是影响其福利水平的重要因素。在复杂的市场环境中，信息过载和选择过多可能会导致消费者的决策疲劳和认知负荷增加，从而影响其决策质量和整体福利。认知偏差、启发式思维和情感推理在消费者决策过程中起着重要作用，这些心理机制不仅影响消费者的决策结果，还影响其在决策过程中的情感体验和福利感知。

4.3.2 外部因素：市场环境与社会文化

市场环境和社会文化是影响消费者福利的重要外部因素。市场的复杂性、信息不对称和营销策略都会影响消费者的决策质量，从而影响其福利。例如，虚假广告和不公平竞争行为可能会误导消费者，导致其做出不利决策，进而降低福利。

信息不对称是市场环境中影响消费者福利的主要问题之一。当消费者无法获取充分且准确的信息时，其决策往往会受到误导或限制，导致福利受损。为了解决信息不对称问题，市场监管和消费者保护政策显得尤为重要。这些政策不仅可以帮助消费者获取必要的信息，还可以减少市场失灵对福利的负面影响。

此外，社会文化背景也会影响消费者的价值观和幸福感，特别是在跨文化环境中，不同文化背景的消费者可能对福利有不同的理解和追求。例如，在个体主义文化中，消费者可能更注重个人成就和自主性；而在集体主义文化中，社会认同和群体归属感可能对福利感知更为重要。这种文化差异在全球化背景下尤为明显，跨国企业需要充分理解这些差异，以设计出适应不同文化背景的市场策略。

4.3.3 政策干预与制度环境

政策干预和制度环境是影响消费者福利的重要外部因素。政府通过制定和实施各种政策措施，可以直接或间接地影响消费者的福利水平。冯海华和胡昊（2007）通过对商品流通中零售商与生产商之间的冲突进行分析，发现最终利益受损的是消费者，因而针对政府和相关部门提出了几点建议以维护消费者权益并实现消费者福利最大化。

消费者保护法律的实施可以有效减少虚假广告和欺诈行为，帮助消费者在做出购买决策时获得更充分的信息。肖经建（2011）在简要回顾了美国关于消费者的金融行为后，讨论了消费者金融行为与消费者金融教育、消费者福利之间的关系。他指出，消费者在消费决策方面具有许多非理性和认知方面的局限性。因而公共政策的制定者应该制定合理的法律法规，在最大程度上保护消费者，从而保持市场经济的稳定和整个社会的和谐发展。

此外，价格管制政策可以防止垄断行为和市场失灵，确保消费者能够以合理的价格获取商品和服务。研究表明，在有效的制度环境下，消费者的决策压力和风险感知将大大降低，从而提升其整体福利水平。

政策干预的有效性在很大程度上依赖于政府的执行能力和市场的合作程度。例如，在面对全球化带来的市场挑战时，跨国政策协调和国际合作变得越来越重要。通过国际合作，各国政府可以共同应对跨境交易中的消费者保护问题，减少全球市场中的信息不对称和不公平竞争行为，提升全球消费者的福利水平。

4.4 消费者福利在不同市场情境中的表现

消费者福利在不同的市场情境中表现出显著的差异，这些差异不仅受到市场结构和竞争环境的影响，还与消费者自身的特质和市场互动方式密切相关。本节将探讨消费者福利在保健品市场、金融服务市场和数字化市场中的表现。

4.4.1 保健品市场中的消费者福利

保健品市场由于其产品的特殊性和消费者的高健康关注度，成为研究消费者福利的一个重要领域。老年消费者和健康焦虑者是保健品市场的主要消费者群体，他们在信息不对称和认知能力有限的情况下，容易受到误导性营销的影响，导致决策失误和福利受损。

保健品市场的复杂性在于产品的功效和安全性难以量化，消费者在购买决策中往往依赖广告和口碑信息。然而，虚假宣传和夸大广告使得消费者难以获取真实有效的信息，从而做出错误决策。研究表明，老年消费者在面对保健品市场的复杂信息时，往往表现出较高的决策风险和不确定感，这种感知风险显著影响了其福利水平。

为了提高消费者在保健品市场中的福利，市场监管和消费者教育显得尤为重要。通过加强市场监管，政府可以打击虚假宣传和不正当竞争行为，帮助消费者在做出购买决策时获得更可靠的信息。此外，消费者教育可以提高消费者的健康素养和信息识别能力，帮助他们在面对复杂市场时做出更明智的决策，减少福利受损的风险。

4.4.2 金融服务市场中的消费者福利

金融服务市场由于其产品的复杂性和高风险性，对消费者福利有着重要影响。消费者在选择金融产品时，往往面临信息不对称和决策困难，尤其是老年消费者，他们的认知能力和信息处理能力下降，更容易受到误导性销售和不公平合同条款的影响。

金融产品的复杂性主要体现在其条款和风险结构的多样性上。例如，投资产品的风险评估、保险产品的理赔条款以及贷款合同的利率计算等都需要消费者具备一定的金融知识和信息处理能力。然而，许多消费者在缺乏专业知识的情况下，往往依赖于销售人员的推荐或市场的广告宣传，这使得他们容易受到误导或欺诈，从而影响其福利水平。

研究表明，金融素养较低的消费者在金融市场中往往面临更大的风险，他们的决策质量和福利水平也因此受到显著影响。为了改善这一现状，政府和金融机构需要加强金融教育，帮助消费者提高金融素养和风险意识，减少金融产品复杂性对消费者福利的负面影响。

此外，技术进步在金融服务市场中的应用，例如算法推荐和在线交易平台，虽然降低了交易成本，但也增加了决策复杂性。消费者可能因技术复杂性带来的信息过载或不透明性而面临更多风险，从而影响其决策和整体福利。这种现象在低金融素养的消费者群体中尤为明显，特别是当他们难以理解或利用这些技术工具时。为此，政策制定者和金融机构应着重简化技术应用，提高透明度，帮助消费者更好地理解金融产品，降低决策复杂性，进而提升其福利水平。

4.4.3 数字化市场中的消费者福利

数字化市场，尤其是电子商务和社交媒体平台上的市场环境，对消费者福利产生了深远影响。数字化市场的特点是信息丰富且高度个性化，这一特性虽然提高了消费者的选择机会，但也增加了其信息处理的复杂性。研究表明，数字化市场中的个性化推荐系统和动态定价策略在一定程度上提高了消费者的满意度，但也带来了隐私泄露、信息过载和决策疲劳等问题，这些问题在总体上可能损害消费者福利。

此外，数字化市场的无边界特性加快了全球化进程，使得消费者面临来自不同文化和市场的多重选择，这既增加了他们的选择机会，也增加了选择的复杂性。在这样的环境下，消费者更容易受到跨国企业的市场操纵，特别是通过复杂的算法和大数据分析，企业能够精准预测和影响消费者的购买决策，这在某些情况下可能损害消费者的福利。例如，通过动态定价，企业可以根据消费者的支付能力和购买历史制定不同的价格，从而在无形中减少消费者的剩余，损害其经济福利。

为了应对数字化市场对消费者福利的挑战，政府和消费者保护组织需要采取积极措施，如制定透明的算法监管政策，确保消费者在数字化环境中获得公平的待遇和充分的信息。同时，消费者教育也应跟上数字化发展的步伐，帮助消费者提高数字素养和隐私保护意识，以便更好地在数字化市场中维护自身的福利。

4.5 本章小结

本章通过系统综述现有文献，深入探讨了消费者福利的多维内涵及其在不同市场情境中的表现。我们审视了消费者福利的传统定义及其在经济学、行为经济学、心理学等多个学科中的发展轨迹，发现现有研究已逐步从单一的经济效用衡量转向更加复杂的多维度分析，涵盖了主观幸福感、情感体验与社会认同等多个层面。

尽管现有研究为理解消费者福利奠定了坚实的基础，但仍存在一些重要的研究空白和不足之处。首先，大多数研究倾向于宏观层面的概念探讨，缺乏对具体行为模式如何影响消费者福利的深入分析。这种宏观视角虽然有助于理论的广泛应用，但在解释具体情境下消费者行为对福利的影响时显得不足。其次，虽然学者们认识到市场环境和心理因素对消费者福利的重要性，但关于这些因素如何在复杂的消费决策中相互作用，并进而影响整体福利的机制研究仍不充分。最后，现有研究更多地关注消费者福利的静态分析，缺乏对其动态变化的探索，尤其是在快速变化的数字化和全球化背景下，消费者福利的变动及其驱动因素亟须更深入的研究。

基于这些研究不足，后续章节将更加关注消费者行为与福利之间的具体关联，特别是在复杂市场环境下，如何通过调控行为模式和优化决策过程来提升消费者整体福利。我们将通过实证分析和理论建构，深入揭示市场环境、心理因素和行为模式在不同情境下的相互作用，以填补现有研究的空白，并为政策制定和市场实践提供更加切实的指导。

5 理论框架与概念模型

随着对消费者脆弱性及其对非理性决策行为影响的深入探讨，本章旨在构建一个系统性的理论框架和概念模型，以更好地理解非理性消费行为的内在机制和外在影响因素。通过总结前几章的研究成果，本章首先梳理了现有的理论基础，包括行为经济学、心理学和社会学视角下的消费者决策理论；其次，结合消费者脆弱性的独特视角，重新界定消费者的非理性决策行为，并在此基础上构建一个多维度的概念模型，以揭示消费者如何在不同的市场情境下受到各种营销刺激的影响，最终导致非理性消费行为的发生。通过对模型的详细解释和变量之间关系的梳理，本章为后续的实证研究提供了理论依据。

5.1 非理性决策理论框架

如上文所述，在非理性决策行为领域，学者们定义了许多典型的非理性决策行为，如冲动、从众等，并探讨了这些行为产生的内在机制和后果，但是并未具体指出广泛的非理性决策行为的判断标准。经济学领域中违反效用最大化这一准则似乎不再适用于消费者行为领域，而认知偏差只能解释非理性决策行为的内在机制，无法很好地让消费者自己评价自己的行为是否理性。因此，为了更好地增进消费者福利，本章从消费者自身感受出发，纵观消费者脆弱性研究现状，基于消费者脆弱性视角，构建了营销情境中的非理性决策理论框架（图5-1）。

如图5-1所示，本研究提出的非理性决策理论框架指出了消费者脆弱性与非理性购买行为及消费者福利之间的关系。该理论框架关注由各种营销手段导致的非理性后果，即消费者福利的变化情况。依据本章构建的非理性决策行为理论框架，非理性与否应该根据消费者福利变化情况来判定，即导致消费者福利受损的决策行为是非理性的。根据该理论，近年来新涌现出的所谓的"非理性消费行为"如面子消费、炫耀性消费，如果不单单考虑所购买产品的经济价值，而是综合考虑产品效用与消费者的情感体验，那么，这类为了维护自尊、提升社会地位、获取他人认同的行为或许从整体来看并未损害

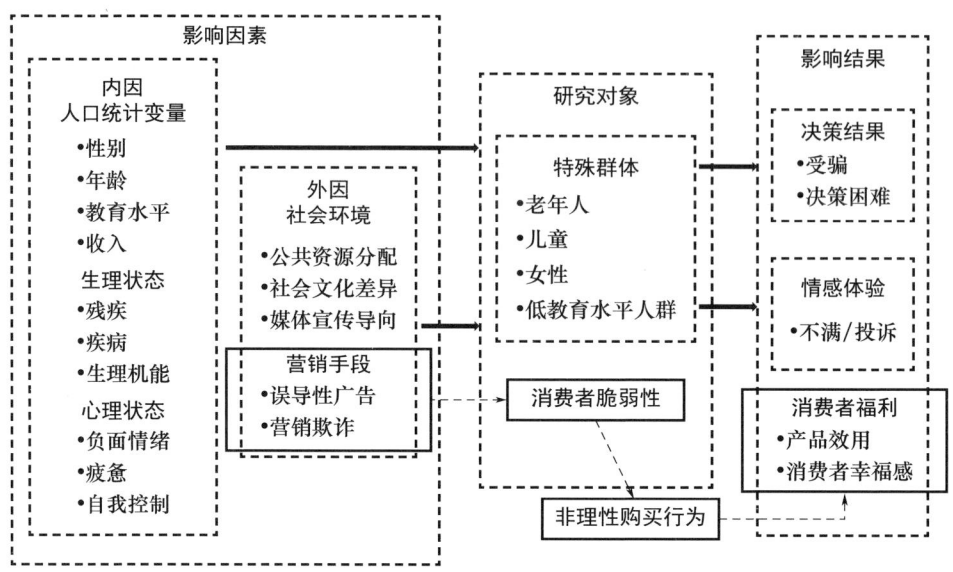

图 5-1 消费者非理性决策行为理论框架

其福利，基于消费者个体视角，这类行为并不属于非理性消费行为。与此同时，该理论框架聚焦于消费者脆弱性，即认为，非理性决策行为产生的原因正是消费者具有脆弱性，其抵抗不了外部营销刺激，从而产生非理性购买行为，最终导致自身福利受到损害。

5.2 概念模型

在前几章对消费者脆弱性与非理性决策行为之间关系的系统性讨论的基础上，本节将深入探讨消费者脆弱性在特定市场情境下的作用机制，并进一步构建概念模型。具体而言，本研究认为消费者脆弱性是一种多维的心理状态，它不仅受个人特征（如人口统计因素和心理状态）的影响，还会因外部营销刺激而激发，导致消费者在信息处理和决策过程中偏离理性轨道。通过整合前人的理论成果和本研究的发现，本节将阐述消费者脆弱性如何作为一个关键中介变量，连接外部刺激与消费者的非理性决策行为，并通过动态模型展示其对消费者福利的潜在影响。模型的构建和论证将为后续的实证分析提供基础，进一步揭示复杂市场环境中消费者行为的内在逻辑和外部驱动因素。

5.2.1 消费者脆弱性界定

(1) 概念界定

根据前文对消费者脆弱性相关研究的回顾，本节认为消费者脆弱性应该综合考虑人口统计变量和个体状态，同时，本节进一步指出，消费者脆弱性是每一位消费者都有的个体的、内在的特质，当消费者在营销情境中受到特定的刺激或诱惑时，将呈现出一种特定的行为倾向。此外，本节强调消费者脆弱性的结果（即福利受到损害）。消费者对外在影响因素的反应不同，但是脆弱的消费者相比其他消费者更有可能变得非理性且更频繁地遭受损失。参考 Baker 等人（2005）提出的消费者脆弱性研究框架，本节将消费者脆弱性定义为：

消费者脆弱性是消费者的一种个人特质，指消费者在消费情境中难以抵御或承受外在刺激和诱惑，进而做出有损自身福利的决策的倾向。

首先，本研究认为消费者脆弱性是一种个体特质，这种特质并不局限于与消费者脆弱性相关程度较高的人口统计特征。本研究认为，所有消费者都有可能在内外因素的共同作用下经历脆弱性，只是程度高低不同。例如，面对同样的产品，脆弱性程度较高的消费者相比于程度较低的消费者，更容易在价格、包装、产品信息表述方式的诱惑下产生冲动购买行为，从而导致购买更多无用的产品。

其次，本研究将消费者脆弱性限定在营销情境中，其中外在刺激和诱惑包括消费者在消费过程中面临的所有营销手段，如广告、欺诈等。例如，Scheibe 等（2014）指出，电话诈骗会导致很多消费者成为受害者。

最后，本研究指出消费者脆弱性可能导致的结果为消费者福利受损，这种受损具体表现为消费过程中负面的情感体验，及对购买的产品或服务实际效用的不满。本研究界定的消费者脆弱性更多地基于消费者视角，认为当消费者个体报告出负面的情感及对产品的不满时，该消费者具有脆弱性。而此前研究中涉及的从营销人员视角界定的消费者脆弱性，如女性消费者、老年消费者等，如果其在消费过程中并未对产品感到不满或者并未经历负面的情感体验，那么本研究认为其不具有消费者脆弱性。

(2) 相似概念区分

首先，消费者脆弱性与弱势（Disadvantage）不同。弱势消费者，通常与人口统计变量中的性别、年龄、种族、收入、教育程度等相关。这部分人群由于个体特征的限制，使得他们在市场中无法让自己支付的金钱获得充分的价值。而消费者脆弱性不仅受个体特征的影响，还受很多其他因素如社会压力、情绪等的影响。这些因素都可能成为外在刺激，迫使消费者做出非理性决策。因此，只能说弱势消费者更有可能经历脆弱性，但并不一定是脆弱的。已有研究表明，弱势消费者，如老年人，并不一定是脆弱的消费者。

其次，消费者脆弱性与易感性（Susceptibility）、敏感性（Sensitivity）不同。由词典定义可知，易感性指易受影响的状态，或情感上易受影响的倾向；敏感性是指对刺激的敏感程度。而脆弱性的词典定义强调了容易受到伤害这一结果。也就是说，面对商家的各种广告宣传，易感的、敏感的消费者很容易注意到其中的诱惑，但是他们的购买行为未知，而脆弱的消费者不仅会注意到其中的诱惑，他们更有可能完成购买行为。

5.2.2 理论基础

（1）刺激-响应模型

营销刺激指由营销人员通过广告、销售人员、品牌符号、包装、标志、价格等，或通过媒体、口碑传播等非市场来源传达的关于产品的信息。根据刺激-响应模型（Stimulation-Response Model），营销刺激会影响消费者对产品或服务的感知，进而影响决策过程和购买行为。

有关刺激的研究表明，消费者感知会受到两类刺激的影响：一类是感官特征的刺激，包括各种感觉；另一类是结构特征的刺激，即外部元素。感官和结构的刺激会进入消费者的意识领域，在消费者处理这些刺激信息的过程中，个体特征、个体状态等内在因素及社会环境等外在因素都会对消费者认知产生影响。在这些因素的共同影响下，消费者会对刺激做出解释，即感知形成。最后，消费者会根据对刺激的感知做出最终的购买决策。图 5-2 展示了在刺激的影响下，消费者感知的形成过程及其如何转化成行动。

鉴于营销刺激的多样性，目前关于其构成并没有统一的结论。传统研究认为营销刺激由 4P，即产品、价格、渠道、促销构成。广告，作为厂商广泛使用的营销刺激，也被诸多学者大量研究，有关结论表明，广告不仅能够改变消费者的品牌态度和购买意愿，甚至能够改变消费者的自我概念。根据刺激自身的特征，有学者认为营销人员做出的能够影响消费者的物理刺激也属于营销刺激。近年来，越来越多的学者开始研究刺激的感官特征，认为感官刺激是有效的营销刺激方式。有关研究结果也证实，感官刺激确实能够影响消费者的感知、判断和行为，更重要的是，感官激发能够让消费者自我生成想要的品牌属性。另外，还有学者根据个体对刺激信号的不同反应，将营销刺激分为一级营销刺激（包括产品及其组成部分，如包装内容、物理属性等）和二级营销刺激（指与产品有关的文字、图片、符号等，如广告、营销人员

5 理论框架与概念模型

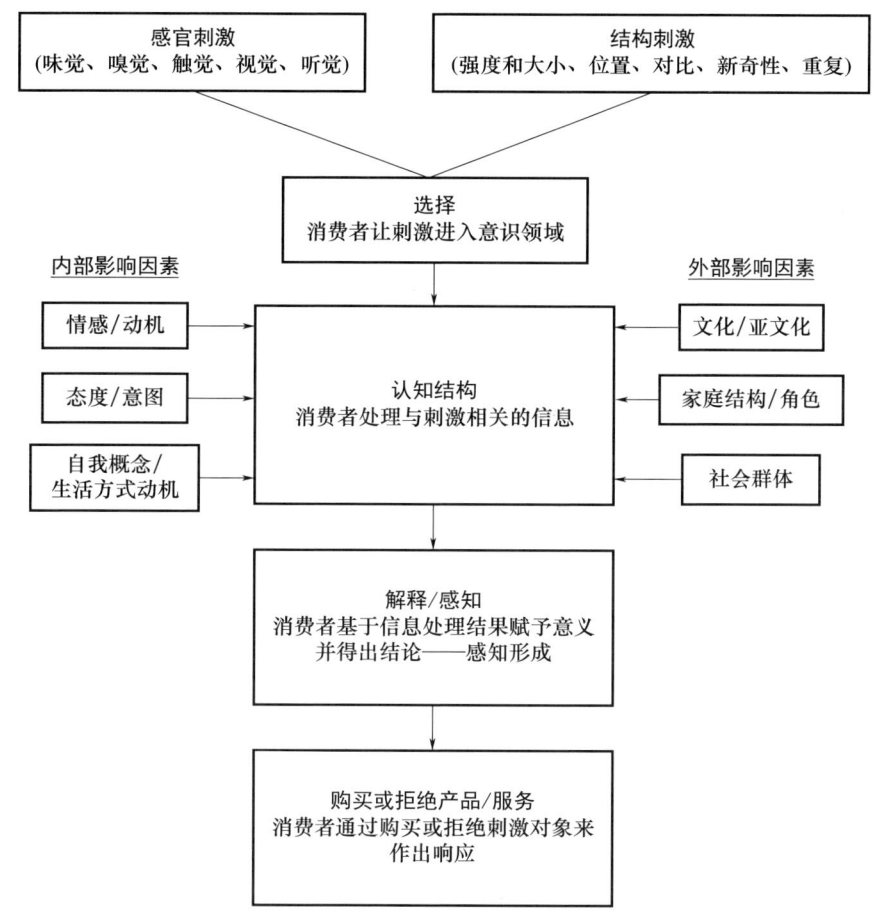

图 5-2 刺激如何影响知觉和购买

服务内容等)。

如图 5-2 所示,营销刺激感知过程会受到内部及外部因素的影响。内部因素通常指与消费者息息相关的个体特质、个体状态等,例如种族、性别、文化、记忆等;而外部因素通常指其他群体带来的影响,如社会压力。这些因素都会影响消费者对信息的处理过程,进而影响消费者对产品的感知及购买意向。

(2) 社会认知理论

社会认知理论 (Social Cognitive Theory) 认为个体的行为不单单由内在心理因素调节和控制,也不由外在环境因素决定,个体行为与环境、个体因素实质上是相互独立、相互作用从而相互决定的关系,即环境、行为、个体三者之间互为因果,每二者之间都具有双向的互动和决定关系 (图 5-3)。社会认知理论基于三元交互决定论，解释了个体的心理社会功能（Psychosocial Functioning）。首先，个体因素（如信念、动机等）能够支配并引导行为，行为及其结果能够反过来影响个体的思维方式和内容，同时也能够影响个体的情感反应。其次，个体可以通过自己的某些特征（如性格、社会角色等）激活不同的环境反应。最后，个体的行为能够改变环境，除了使环境适合生存，行为也能改善个体与环境之间的适应关系，但与此同时，行为也会受到环境的现实条件的制约。

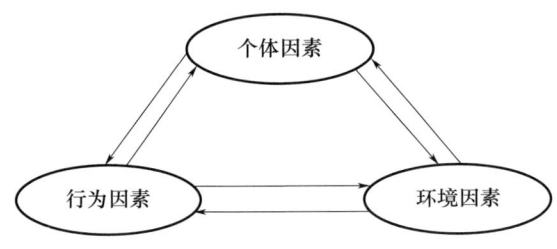

图 5-3　社会认知理论三元交互决定模型

（3）社会互动理论

社会互动理论（Social Interaction Theory）强调个体之间、群体之间、个体与群体之间相互作用的过程。在这一过程中，个体会影响他人的社会行动，同时，个体也会受到他人社会行动的影响。

作为早期社会互动的研究者和代表人物，Mead 提出了社会互动模型，其学生 Blumer 在此基础上发展了符号互动论，用来研究某一个体在某种情境下的反应（图 5-4）。

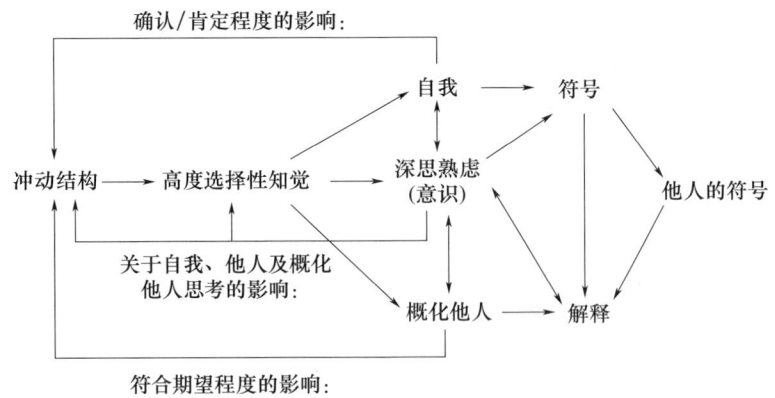

图 5-4　Mead 的社会互动模型

如图 5-4 所示，该社会互动模型强调了三个原则：①个体根据其对事物赋予的意义（即对符号的解释）采取行动；②个体对事物赋予的意义是社会互动的结果；③个体在对符号进行解释的过程中试图理解别人的思想和情感，即受到外在他人的影响。根据这一理论，在社会互动过程中，个体会根据他人的行为或反馈不断调整对自我的评价，与此同时，个体也会受到情境因素的影响对外在符号做出不同的解释。

5.2.3 模型构建

消费者脆弱性作为一种个体特质，与其他个体特质（如好奇心）一样，指消费者个体呈现出脆弱性的内在差异，脆弱性高的消费者其脆弱状态可能在更多的情况下被唤起，且其经历的脆弱状态更强烈。消费者脆弱状态则是消费者脆弱性的短暂呈现，是消费者在特定情境下被唤起的脆弱性反应，是脆弱性被激发的一个指数。因此，为了能够深入研究特定情境中消费者脆弱性被激发的水平，本节在以下具体概念模型中提及的消费者脆弱性，均指消费者脆弱状态，而不是特质。

由上文提到的理论基础可知，消费者决策行为的依据是其对刺激物的最终评价，而在这一决策过程中，消费者还会受到情境因素、外在他人及自身状态的影响。根据本节提出的非理性决策行为理论框架（图 5-1）及 Lake（2009）给出的刺激对消费者感知和行为的影响过程（图 5-2），本节认为，消费者做出非理性决策行为的原因正是其脆弱性被激发的结果，也就是说，在某一情境中，消费者感知到外在刺激，而在其对这一刺激源进行评价的过程中，脆弱性高的消费者更容易被外在他人、自身状态等因素影响，从而使评价过程受阻或偏离正常轨迹，最终做出不好的决策使自身福利受到损害。因此，本节构建了如图 5-5 所示的概念模型。

该概念模型主要包括以下几个部分。

首先，该模型明确了消费者脆弱性与非理性决策行为及消费者福利之间的关系。根据前文提出的非理性决策行为理论框架（图 5-1），本节认为，在普遍的营销情境中，消费者脆弱性特质会导致非理性消费行为的产生，并对消费者福利造成影响。具体来说，消费者脆弱性越高，其做出非理性行为的可能性越大；相比脆弱性较低的消费者，脆弱性较高的消费者，其自身福利更有可能在整个决策过程中受到损害。

其次，过度营销刺激作为自变量影响消费者脆弱性和消费者福利。根据本节对消费者脆弱性的界定，外在刺激或诱惑都会唤起消费者脆弱性，而本节关注的过度营销刺激，对于大部分消费者来说，都是难以抵御的。有关消费者脆弱性的研究已经发现，过度营销刺激，如误导性广告、诈骗、销售相

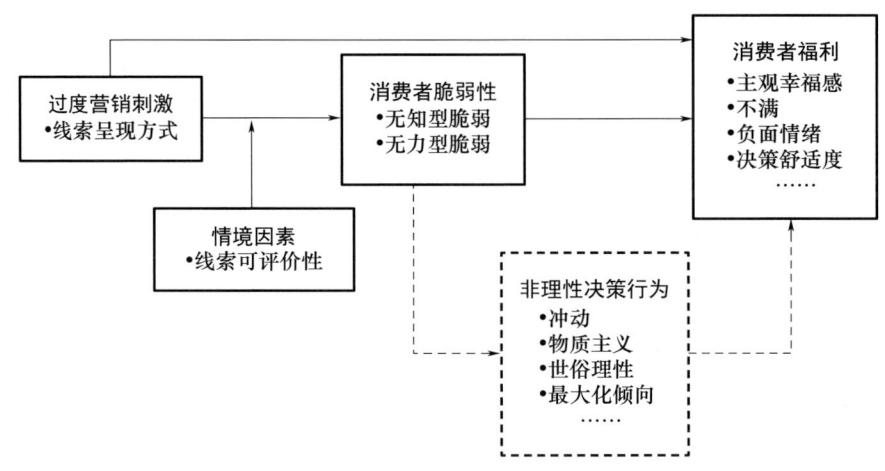

图 5-5　概念模型

似性较高的产品，都会让消费者在决策过程中处于脆弱状态，进而做出有损自身福利的决策。这些刺激是导致消费者脆弱性产生的直接原因，且只有当营销刺激的强度达到消费者感知阈值时，消费者脆弱性才会被激活。随着市场竞争的日益激烈，商家不得不采取一切手段让自己的产品或服务被消费者熟知，这就使广大消费者被迫陷入过度营销的境地。因此，研究过度营销刺激对消费者脆弱性及福利的影响具有深刻的现实意义。

再次，消费者脆弱性作为中介变量，中介了过度营销刺激对消费者福利的影响。超过一定强度的营销刺激会导致消费者脆弱性的产生，而消费者脆弱性高低是判断消费者福利会否受到损害的重要依据。与此同时，本节认为，消费者脆弱性从本质上来讲分为无知型和无力型，无知型脆弱表现为消费者对自己的决策不甚了解，无法判断好坏，而无力型脆弱表现为消费者对自己做出的决策无能为力。

从次，结果变量为消费者福利。消费者脆弱性高低会影响消费者福利受损程度，而消费者福利水平这一主观概念则可以从消费者的主观感受出发，较为准确地评价消费者的非理性决策行为。现有研究已指出，脆弱程度越高的消费者，如老年人，越有可能在商家的影响下做出无效的购买决策。这些决策或者让他们蒙受经济的损失，或者让他们经历后悔、失望等负面情绪。有关消费者福利的研究也表明，如今消费者福利的范围已不再仅仅局限于经济上的利益得失，学者们更加关注与消费者主观感受紧密相关的情绪或情感，如满意、幸福感、抱怨、后悔等。鉴于此，本书在后续实证研究中将涉及消费者福利两个方面的变化情况：一是不满，用来测量消费者因为无效的购买决策而遭受的经济上的损失；二是后悔，用来测量消费者在购后体验中的负面感受。此外，本书也将验证具体营销情境中反映消费者福利的其他变量（即决策舒适度）的变化情况。

最后，该模型将情境因素作为调节变量纳入进来。对营销刺激的影响有调节作用的情境因素有很多。例如，在营销刺激进入意识领域时，情境因素如环境中主要刺激之外的刺激（如广告和包装）、个体参与程度等，都会影响他们对营销刺激的注意。而在信息处理过程中，消费者的时间压力、情绪、其他消费者的存在、语境线索等情境因素也会影响个体对营销刺激的感知，而且不同的消费者很可能对同一刺激产生不同的解释。由前文关于消费者脆弱性影响因素的文献回顾可知，很多营销情境中，如消费者暴露于误导性广告、欺诈之下，其会呈现出较高的脆弱水平。根据认知理论和社会互动理论，消费者对营销刺激的感知随着情境的不同而产生差异。因此，有必要考虑消费者处理过度营销刺激信息过程中情境因素的影响，以使本书的概念模型更加完善。

5.3　本章小结

本章在前几章的基础上，通过系统地构建非理性决策行为的理论框架和概念模型，进一步深化了对消费者脆弱性与非理性行为之间关系的理解。通过整合多学科的研究成果，本章明确了消费者脆弱性作为一个中介变量在不同市场情境中的作用，解释了如何通过外在营销刺激激发消费者的脆弱性，进而影响其决策行为和福利。此外，本章提出了消费者脆弱性与非理性决策行为之间的动态关系模型，为实证研究奠定了坚实的理论基础，并为后续研究提供了明确的方向和方法论指导。最终，本章的理论框架不仅丰富了消费者行为研究的内容，也为公共政策制定者提供了新的视角，以更好地保护消费者权益，提升社会福利。

6 研究方法

本书提出的概念模型包括自变量、因变量、中介变量和调节变量，为了检验各变量之间的复杂关系，本书选择的研究方法主要是结构方程模型和层次回归分析。此外，本书在不同研究阶段还分别运用了描述性统计分析、独立样本 t 检验、探索性因子分析、信度和效度分析等方法进行相关检验。

6.1 探索性因子分析

为了测量中介变量消费者脆弱性，本书开发了消费者脆弱性测量量表。在开发过程中，本书主要采用探索性因子分析（Exploratory Factor Analysis，EFA）对问项进行提纯。该阶段的研究目的侧重解释变量的相关性，确定内在结构，因此，本书选择主轴因子法（Principle Axis Factor Analysis）提取特征值大于 1 的因子，并采用最大方差法进行正交旋转，选取旋转后因子载荷值大于 0.5 的问项。

6.2 结构方程模型

结构方程模型（Structural Equation Model，SEM）广泛应用于社会学、心理学及行为科学等领域，本章采用 SEM 主要是为了验证消费者脆弱性测量量表的有效性。具体来说，本章采用基于 SEM 的验证性因子分析（Confirmatory Factor Analysis，CFA）来检验消费者脆弱性这一构念的效度，并根据路径分析（Path Analysis）结果检验理论模型与观测数据的匹配程度，确定最佳因子结构。此外，为了深入验证测量量表的合理性和有效性，本章还检验了整体拟合指数（表 6-1），如 χ^2/df（Relative Chi-square test，卡方自由度比）、GFI（Good-of-Fit Index，拟合度指标）、CFI（Comparative Fit Index，比较拟合度指标）、RMSEA（Root Mean Square Error of Approximation，近似误差均方根）和 SRMR（Standardized Root Mean Square Residual，标准化残差均方根）等。

卡方自由度比可以用来说明假设模型的协方差阵与观测数据的拟合程度，

卡方自由度比值越小，说明模型拟合度越好。一般情况下，卡方自由度比小于2，说明假设模型的拟合度较好。卡方值的导出式如下：

$$T = (N-1)F_{\min} \tag{6.1}$$

公式（6.1）中，T 为模型拟合度检验值，可将其视为卡方值；N 代表样本数；$F_{\min}$ 为不同参数估计方法得到的拟合函数的最小函数估计值。

GFI 为假设模型可以解释的观察数据的方差与协方差的比例。

$$GFI = \frac{tr(\hat{\sigma}W\hat{\sigma})}{tr(s'Ws)} \tag{6.2}$$

公式（6.2）中，分子代表理论假设模型协方差导出的加权方差和，分母为样本实际观察得到的协方差所导出加权方差和，W 为加权矩阵。由于模型的导出值小于实际的观测值，所以 GFI 小于1。GFI 数值越接近1，说明模型的拟合度越高。反之，GFI 值越小，说明模型的拟合度越低。通常，当该指标值大于 0.9 时，认为模型具有较好的拟合度，也有学者认为指标数值大于 0.8 即可接受。

CFI 用来衡量假设模型和无公变关系的独立模型的差异程度。

$$CFI = 1 - \frac{\tau_{\text{est. test}}}{\tau_{\text{indep. test}}} \tag{6.3}$$

$$\tau_{\text{indep. test}} = \chi^2_{\text{indep. test}} - df_{\text{indep. test}} \tag{6.4}$$

$$\tau_{\text{est. test}} = \chi^2_{\text{est. test}} - df_{\text{est. test}} \tag{6.5}$$

上述公式中，τ_i 为基于非中央性改善比得到的非中央性参数，其值越大，说明拟合度越不理想。$\tau_{\text{est. test}}$ 表示理论假设模型的非中央性参数估计值，$\tau_{\text{indep. test}}$ 表示相对于假设模型虚无模型的非中央性参数。CFI 值也是越接近1代表拟合程度越理想。

$SRMR$ 是残差均方根（Root Mean Square Residual，RMR）标准化后的值，该指标反映假设模型的整体残差。

$$RMR = \sqrt{2\sum_{i=1}^{q}\sum_{j=1}^{i}\frac{(s_{ij}-\hat{\sigma}_{ij})^2}{q(q+1)}} \tag{6.6}$$

上述公式中，$s_{ij}-\hat{\sigma}_{ij}$ 为观察与理论假设模型的方差或协方差差异。$SRMR$ 越小，说明模型与观察值的拟合性越好。$SRMR$ 数值介于 0 到 1 之间，当该指标数值小于 0.05 时，说明理论模型可以接受。

$RMSEA$ 代表近似误差均方根，该指数与 CFI 指数不同之处在于，RMSEA 比较的是理论模型和完美拟合的饱和模型之间的差异程度。

$$RMSEA = \sqrt{\frac{\hat{F}_0}{df_{\text{test}}}} \tag{6.7}$$

其中，$\hat{F}_0$ 为被检验模型的卡方值与自由度之差再除以样本数：

$$\hat{F}_0 = \frac{\chi^2_{\text{test}} - df_{\text{test}}}{N} \tag{6.8}$$

RMSEA 指标不受到样本大小及模型复杂度的影响，当模型趋近完美拟合时，$\hat{F}_0$ 接近 0。RMSEA 值越小，说明模型拟合度越好。当该数值小于 0.05 时，说明模型可以接受，拟合度较好；而当该数值介于 0.05 到 0.08 之间时，认为拟合度中等。

表 6-1 SEM 拟合度指标

拟合度指标	评价标准
χ^2/df	<2，拟合度良好
GFI	>0.9，拟合度较高
CFI	>0.9，拟合度较高
RMSEA	<0.05，拟合度良好 0.05~0.08，拟合度中等
SRMR	<0.05，拟合度良好

6.3 信效度分析

信度是指数据的一致性程度，信度分析（Reliability Analysis）是为了检验结果的可靠性和有效性。本节采用 α 信度系数法和重测信度法来验证量表的信度。Cronbach's α 信度系数是目前最常用的信度系数，若 α 系数介于 0.7 到 0.8 之间，认为可以接受该量表，信度较高；若 α 系数大于 0.8，则认为信度最佳，内部一致性较高。此外，为了提高量表的整体信度，本节还计算了校正的项目总体相关系数（Corrected Item-to-Total Correlation，CITC），并在开发阶段剔除了 CITC 值小于 0.4 的测量问项。同时，本节也通过计算组合信度（Composite Reliability，CR）进一步验证量表的内部一致性。

$$CR = \frac{(\sum \lambda_i)^2}{[(\sum \lambda_i)^2 + \sum \theta_{ii}]} \tag{6.9}$$

在公式 6.9 中，$(\sum \lambda_i)^2$ 为因子载荷值加总平方值，$\sum \theta_{ii}$ 为观测变量残差方差总和。测量题项之间相关性越强，潜在变量对其解释力也越强，因子载荷值加总平方就越大，即表明内部一致性越好。通常认为 CR 值大于 0.6 或 0.7 是可以接受的。

效度指测量结果能够反映所要考察内容的程度，效度越高，说明测量结果与所要测量的内容越吻合,即测量的有效性和准确性越高。本节通过专家小组评审对内容效度进行了检验,此外,本节还检验了量表的收敛效度(Convergent Validity)、区分效度(Discriminant Validity)以及构念效度(Construct Validity)。

收敛效度指相同因子中的测量问项彼此之间高度相关。本节通过计算平均方差提取值(Average Variance Extracted,AVE)来验证收敛效度。

$$\text{AVE} = \frac{(\sum \lambda_i^2)}{\sum \lambda_i^2 + \sum \theta_{ii}} \quad (6.10)$$

在公式 6.10 中,$\sum \lambda_i^2$ 为因子载荷值平方加总,$\sum \theta_{ii}$ 为观测变量残差方差总和。AVE 值反映了潜在变量对所有测量变量的综合解释能力,AVE 值越大,潜在变量能够同时解释它所对应的测量题项的能力就越强,与此同时,也说明测量题项表现潜在变量性质的能力越强,即收敛效度越好。当 AVE 值大于 0.5 时,说明收敛效度良好。

区分效度指不同因子中测量问项彼此之间相关度低。通常采用比较因子间相关系数与 AVE 平方根值的大小来评价区分效度,当 AVE 平方根大于相应的因子相关系数时,说明各因子间区分效度良好。另外,为了检验消费者脆弱性这一构念与其他相似构念的区分效度,本节还计算了消费者脆弱性测量量表与其他量表或测量指标的相关性。

构念效度指测量指标能够说明理论假设的程度,即实证数据与测量构念的理论的一致性程度,构念效度越高,表明测量指标对该构念的解释程度越高。本节除了通过 EFA、CFA 来检验理论模型是否能够解释观测数据、所测结果是否对应预期构念,还通过检验消费者脆弱性测量结果与非理性行为及消费者福利之间的关系来评价消费者脆弱性测量量表的预测性,进而检验本节提出的非理性决策理论的合理性、科学性。

6.4 独立样本 t 检验

独立样本 t 检验主要用于检验不同样本的总体均值之间是否存在显著差异。本节利用该方法检验消费者脆弱性高低两组的非理性消费行为与消费者福利是否存在显著差异。此外,在实证检验阶段,本节也利用该方法检验了不同实验组之间是否存在显著差异。

6.5 层次回归分析和 Bootstrap 方法

回归分析是一种预测性的建模技术,主要用于研究因变量和自变量之间的关系。本书提出的概念模型还涉及中介变量和调节变量,因此,本书采用的是多元回归分析。另外,为了验证消费者脆弱性的中介效应和可评价性的调节效应,本书使用层次回归分析法,通过比较加入某个变量前后两次回归的结果,判断该变量是否显著改善模型。通常,通过比较回归方程的 ΔR^2,若 R^2 显著增加,则说明加入的变量作用显著。

为了使研究程序更加严谨且更具解释力,同时确定直接效应和间接效应的大小,本书还利用现代统计学较为流行的 Bootstrap 方法对中介效应进行了验证。该方法并不假设变量的分布服从正态分布,而是根据实际分布进行检验,能够有效克服抽样分布有偏而导致显著性检验失效的问题。同时,该方法也能够克服层次回归和 Sobel 检验在处理小样本时统计功效不高的缺点。本书分别利用 Process 模型 4(图 6-1)对中介效应进行分析,利用 Process 模型 7(图 6-2)对有调节的中介效应进行分析。

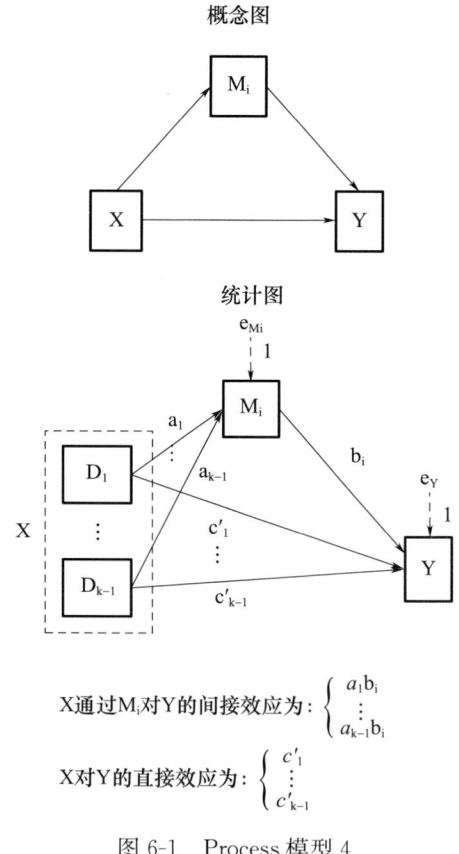

图 6-1 Process 模型 4

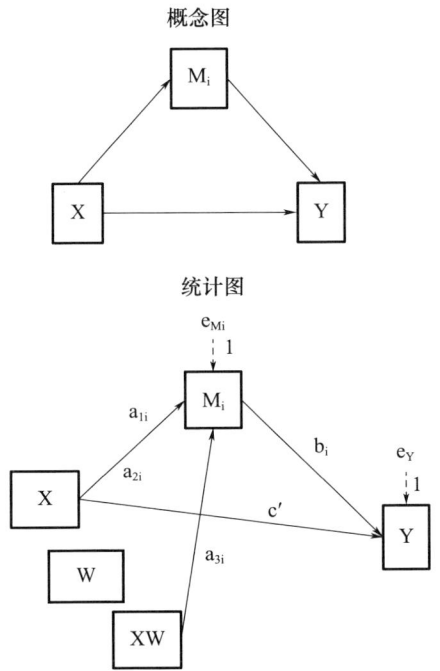

X 通过 M_i 对 Y 的间接效应为：$(a_{1i}+a_{3i}W)b_i$

X 对 Y 的直接效应为：c'

图 6-2 Process 模型 7

6.6 本章小结

  本章详细介绍了本研究中所采用的研究方法，为后续验证消费者脆弱性与非理性决策行为之间关系的实证分析提供了坚实的基础。首先，本章描述了探索性因子分析（EFA）和验证性因子分析（CFA）的方法及步骤，以确保所开发的消费者脆弱性测量量表的结构合理性和信效度。其次，介绍了结构方程模型（SEM）作为验证性因子分析的技术手段，用于评估模型的拟合度并验证各因子的聚合效度和区分效度。此外，本章还详细讲解了信效度分析的具体过程和标准，以保证量表在不同样本中的一致性和稳定性。最后，本章讨论了层次回归分析和 Bootstrap 方法在未来研究中可能的调节效应和中介效应检验中的应用，进一步为后续的实证研究提供了方法论指导。整体而言，本章为后续章节的实证分析奠定了方法基础，确保研究过程的科学性和结果的可信度。

7 消费者脆弱性测量量表开发

为了从消费者脆弱性视角对非理性决策行为及消费者福利进行实证研究，不仅要对这一构念进行界定，明确其内涵，还要确定其测量方法，使得这一构念可以在营销情境中得以测量。本章首先回顾了现有的量表开发方法，在综合考虑各方法的优缺点后，确定了本章的量表开发过程，随后详细介绍了该开发过程中定义构念、生成问项库、内容效度检验及问项提纯 4 个步骤的具体方法和结果。

7.1 现行量表开发方法

7.1.1 Churchill 范式

在营销领域，很多构念的测量量表都是根据 Churchill（1979）提出的测量问项开发过程得到的，因此，这一方法也被学者们称为 Churchill 范式。该范式旨在为营销人员提供具有理想信度和效度的测量问项，使得他们能够对感兴趣的变量进行测量并得到可靠的结果。

Churchill 范式包含 8 个步骤，分别为：确定构念范畴、生成问项样本、收集数据、提纯问项、收集数据、评估信度、评估效度及制定标准。图 7-1 展示了这 8 个步骤及每个步骤推荐采用的技术和可以计算的系数。

图 7-1 所示 Churchill 范式下的量表开发全过程，可以称为营销领域量表开发的基石，不仅被很多学者广泛采用，也是促使后续相关研究完善、改进的基础。然而，Churchill 认为单问项测量方法不可靠，因此，他提出的量表开发方法仅适用于多问项测量。

7.1.2 Gerbing 和 Anderson 的改进范式

Churchill 范式没有考虑单一问项测量指标。Gerbing 和 Anderson（1988）指出，在实际测量中，被试常常会回答两个或更多的测量问项（即量表），这些问项的组合得分会以一定的权重加总来反映相应构念的估计值。然而，各问项组合得分的计算，只有当每一个测量问项都是单一维度时才有意义。因

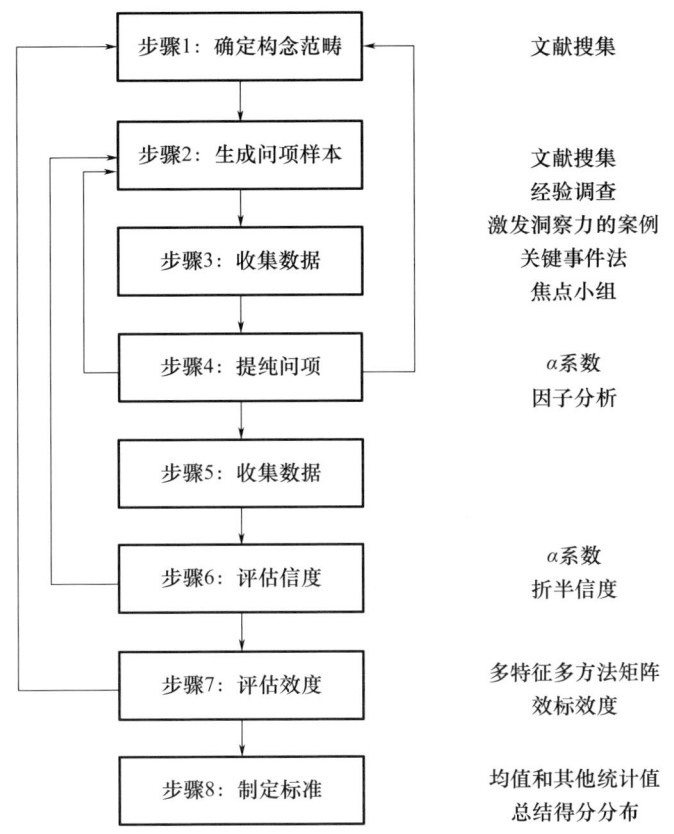

图 7-1 测量问项开发过程（Churchill 范式）

此，他们基于 Churchill 范式，在量表开发过程中加入了单维性的概念，并强调了 CFA 的重要作用。

Gerbing 和 Anderson（1988）认为，研究人员编制的测量问项的含义可能与被试理解的含义有差异，因此，量表开发过程应该包括对这些测量问项的评估，确认量表包含的各个指标是否可以作为同一构念的不同替代指标，即这些指标是否具有单维性。传统的测量量表开发和评价分析方法，如 α 系数、相关系数和 EFA，虽然可以评估信度或作为初步分析方法，但都无法直接验证单维性。CFA，则可以利用系数估计值计算指标之间的相关性，直接验证多指标测量模型隐含的单维性的内部一致性和外部一致性标准，该方法得到的总体拟合度也可以预测量表测量的构念与实际构念的相似程度。

7.1.3 Hinkin 田野调查中量表开发的概念框架及简单指南

上述量表开发过程都是基于理论层面提出的研究范式或范式的改进。Hinkin

(1995)在回顾组织行为领域量表开发的相关研究时发现，田野调查中广泛使用问卷调查的方法来测量新的或特别的现象，但往往由于样本不合适、因子结构较差、较低的内部一致性等问题，其测量问项的信度和效度无法得到保证，常常导致田野调查结果难以被解读。为了解决上述问题，确保构念测量的准确性，Hinkin（1998）根据已建立的心理测量准则提出了量表开发的概念框架，并综合考虑上述量表开发方法中涉及的评估标准，建立了简单具体的评估指南。图 7-2 为该概念框架下量表开发过程模型。

如图 7-2 所示，在 Hinkin（1998）提出的概念框架中，量表开发过程共包括 6 个步骤，分别为：问项生成、问卷调查、初始问项删减、CFA、聚合/区分效度及重复。相比以往量表开发过程，该过程更加关注测量量表的构念效度。Hinkin（1998）认为，构念效度不仅构成了理论与测量之间的联系，也是确保开发出高质量的测量问项的关键，因此，该过程的每一步骤都旨在改善测量问项的构念效度。

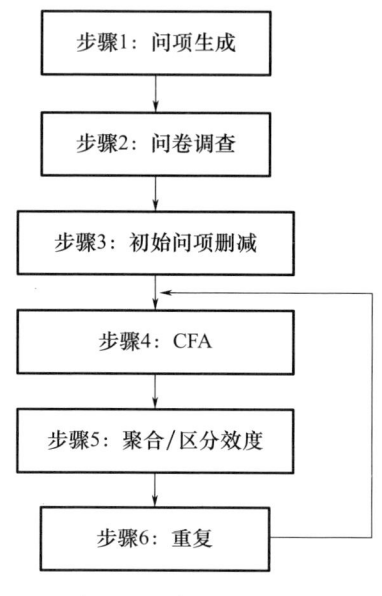

图 7-2 量表开发过程模型
（Hinkin，1998）

7.1.4 C-OAR-SE 范式

Rossiter（2002）认为传统的量表开发过程，特别是 Churchill 范式，过于依赖因子分析结果和内部一致性信度分析结果，导致在追求因子单维性时删除界定概念必需的项目，为了获得较高的 α 值而添加非必要或不合适的项目，或利用较高的 α 值作为量表效度的唯一证据。因此，Rossiter（2002）根据前人关于构念概念化（Conceptualization of Constructs）及属性分类（Attribute Classification）的研究再次对量表开发过程进行了完善。他提出的新量表开发过程主要包括：构念界定（Construct Definition）、对象分类（Object Classification）、属性分类（Attribute Classification）、评估人识别（Rater Identification）、量表形成（Scale Formation）以及计算（Enumeration），简称为 C-OAR-SE 过程。该过程包含 Churchill 范式及传统的量表开发步骤，虽然旨在测量营销领域普遍使用的构念，但也适用于社会科学其他领域。另外，Rossiter（2002）还指出，不同于传统的量表开发方法，在 C-OAR-SE 过

7 消费者脆弱性测量量表开发

程中,只有一种类型的效度至关重要,即内容效度。此外,这一过程基于理性主义(Rationalism)而不是经验主义(Empiricism),这就更加强调了逻辑推理和专家意见的作用。图 7-3 呈现了 C-OAR-SE 过程的 6 个步骤,并简要阐述了每个步骤的要点。

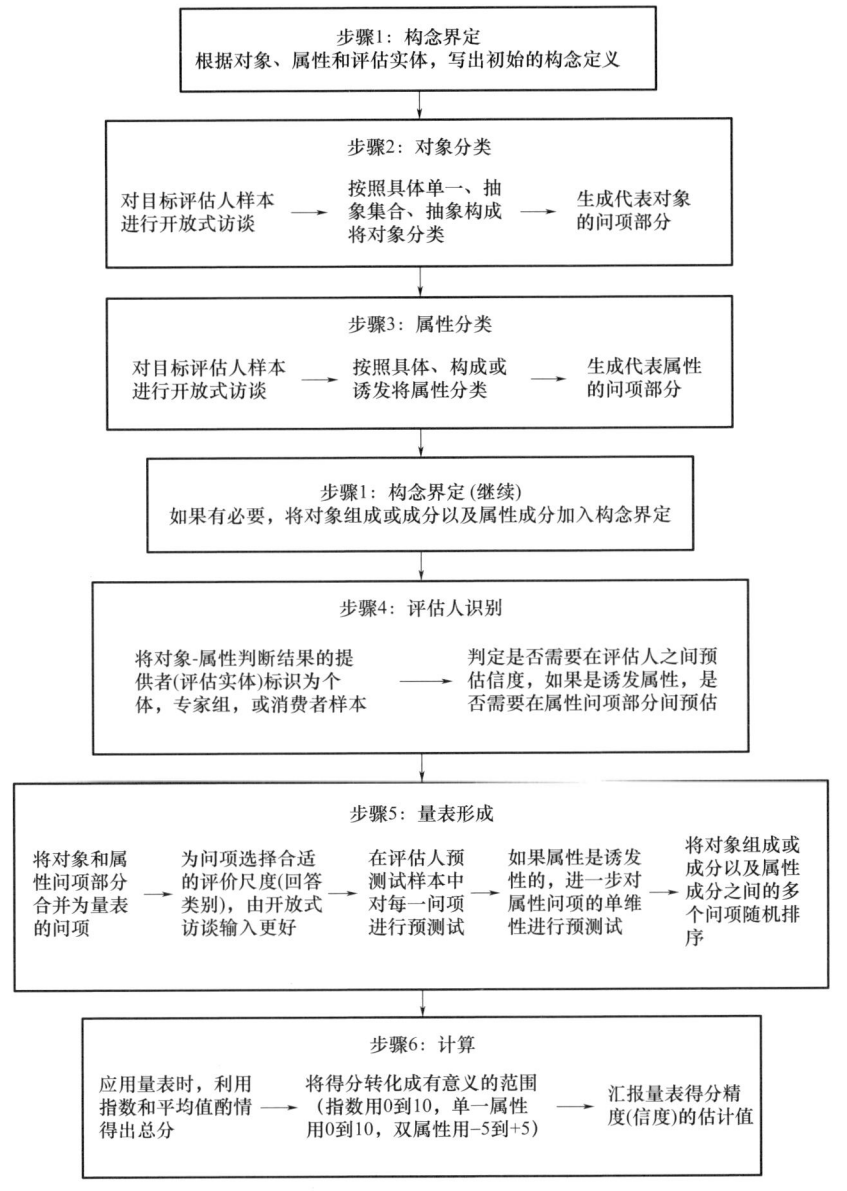

图 7-3 C-OAR-SE 量表开发过程

7.1.5 德维利斯量表编制指南

德维利斯（2010）关于量表编制的专著在社会科学的很多领域都得到了广泛关注和应用，其专著中提出的量表开发的 8 个步骤（图 7-4），更是成为研究人员编制量表的操作指南。

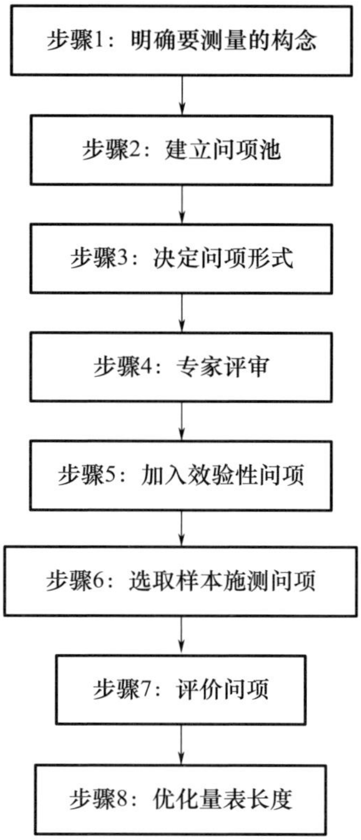

如图 7-4 所示，该指南的第一步是借助理论模型使要测量的构念清晰化，明确欲测构念的特定性或一般性程度，并指出量表应该包括的内容。

第二步要建立一个问项池，编制者应该在所定义构念的界限之内尽可能列出所有可能的问项类型，且问项要有一定冗余，问项数量也应该远远多于最终量表中准备包含的数量。问项的编写要使用通俗的语言，避免使用冗长的和双关的问项，要注意问项的可读性水平，谨慎编制负面表述的问项。

第三步是决定问项的形式，该步骤与问项编制同时发生，互相兼容。

第四步要请专家对问项池中的问项进行评审。评审专家可以对问项与构念的关联性、问项的简洁性和明了性进行评价。这一步骤可以使量表的内容效度最大化。

图 7-4 德维利斯量表编制指南

除了上述步骤产生的问项，研究人员在第五步要考虑把效验性问项包括进去。加入其他问项，探测新编制问项的缺陷和问题。例如，加入社会赞许性量表，可以研究调查对象对新编制问项的反应在多大程度上受到社会赞许性的影响。另外，加入其他问项也与量表的构念效度有关。

上述步骤决定了调查问卷应该包含的问项，第六步需要研究人员根据现有问项的数量及拟开发量表包含的问项数量选取样本并施测。

第七步是评价问项，这一步是量表开发过程的中心环节，其重要性仅次于问项编制。该步骤可供选择的方法很多，例如，利用相关系数矩阵或项目-量表相关系数评价问项的相关性，利用因子分析确定某一组问项是否具有单维性，利用 α 系数评价量表的信度等。

第八步是对量表长度进行优化。在这一阶段，研究人员可以根据相关系数、α值等指标，排除对内部一致性贡献较小、项目-量表相关系数较低、多元复相关平方降低的问项。如果选取的样本足够大，研究人员也可以在这一阶段将样本分裂为两个子样本，一个用于初始分析，另一个用于交叉检验初始分析结果。

7.2 本研究量表开发方法

本研究的量表开发方法综合考虑了上述讨论较多应用较广的相关研究，整体上遵循Churchill范式，并在构念开发阶段借鉴C-OAR-SE范式中关于构念界定的建议及Gerbing和Anderson（1988）提出的单维性问题，此外，量表的检验过程还参考了Hinkin（1998）建立的评估指南和德维利斯（2010）提出的编制指南。本研究的量表开发过程主要包括5个步骤（图7-5），分别为：定义构念、生成问项库、内容效度评估、问项提纯和量表验证。

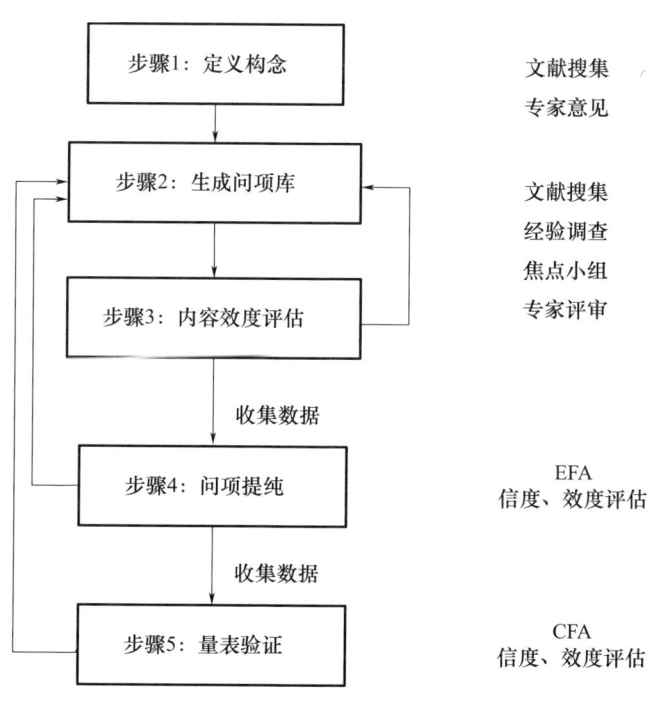

图7-5 量表开发过程

7.3 定义构念

根据本研究确定的量表开发过程，第一步是对欲测构念进行界定，也就是对本研究的核心构念，消费者脆弱性进行清晰地界定。基于 Baker 等人（2005）提出的消费者脆弱性研究框架，同时参考 Andreasen 和 Manning（1990）、Lee 和 Soberon-Ferrer（1997）、Smith 和 Cooper-Martin（1997）、Commuri 和 Ekici（2008）、Morgan 等（1995）、Ringold（2005）、Garrett 和 Toumanoff（2010）等学者在研究中对消费者脆弱性的界定，本书提出消费者脆弱性的初步定义。随后，为了确保这一定义清晰准确、合理有效，本研究成立了专家小组对其进行评价。根据专家意见，对初步定义进行修改和调整，得到待测构念——消费者脆弱性的最终定义。

本书将消费者脆弱性定义为消费者的一种个人特质，指消费者在消费情境中难以抵御或承受外在刺激和诱惑，进而做出有损自身福利的决策的倾向。该定义首先将消费者脆弱性视为个体特质，其次将其限定在营销情境中，最后强调其导致的后果是消费者福利受损。与此同时，该定义不同于弱势、易感性及敏感性。消费者脆弱性的范畴大于弱势，其行为倾向相对于易感性及敏感性更容易预测，且受到伤害的结果较为确定。

7.4 生成问项库

本研究编制的问项主要依据以下几个方面：①文献搜集，搜集内容包括已出版的与消费者脆弱性相关的文献中采用的定义及测量问项；②经验调查，以获取个体关于消费者脆弱性的经历和相关知识；③焦点小组访谈，通过该方法进一步补充消费者脆弱性的影响因素及表现形式。本书的研究视角是消费者自身，即评估实体是消费者个体，因此，在量表开发阶段，本研究将消费者脆弱性视为一种个体特质，编制的问项都是反映型问项，旨在反映一般消费情境中消费者脆弱性的表现，包括对营销人员、产品宣传信息、社会压力等的关注和行动。

首先，根据本书界定的消费者脆弱性构念，借鉴文献资料中消费者脆弱性的相关测量问项，分别考虑内在和外在因素（内在因素如认知能力、营销知识等，外在因素如产品促销、社会压力等）的影响，从消费者认知和情感反应的视角编制反映型测量问项，如"在购物过程中，我常常分辨不出商家的哪些手段属于营销欺诈""我常常为了和他人保持一致而购买某一产品"

等。其次，邀请4名博士生及6名硕士研究生参加焦点小组访谈，向他们描述消费者脆弱性的定义，让受访人员根据自己的理解编制测量问项。通过汇总经验调查及焦点小组访谈的结果，以同样的方式编制补充问项，使问项库更加完整。

在这一步，根据德维利斯（2010）编制指南关于问项冗余的建议，本书尽可能考虑到所有可能对消费者脆弱性造成影响的因素，并详细列举出相应的消费者脆弱性表现。此外，对于文献中涉及的英文测量问项，本研究邀请两名具有中英文翻译经验的博士生将其翻译成中文。为了确保中文测量问项与原文测量的内容相同，又进行了反向翻译，并根据两次翻译结果对问项进行调整。该步骤共生成102个问项，构成初始消费者脆弱性问项库。

7.5　内容效度评估

本研究的内容效度评估主要依据专家意见。首先，成立专家小组。该小组由4名高校市场营销专业消费者行为方向的教授组成。其次，向专家小组成员描述消费者脆弱性的定义及问项删除标准。专家评审小组将对问项库中的问项逐一进行评估。接下来，根据评审意见，删除或修改有歧义、语义模糊、具有引导性或误导性、冗余的问项。为了确保所有测量问项都能够被普通消费者理解，本研究又成立了在读研究生小组，该小组由高校市场营销系6名硕士研究生和2名博士生组成。在这一小组对修改后的问项进行评审之前，同样向他们描述消费者脆弱性的定义及问项删除标准。在读研究生评审小组评估后，再次对问项进行修改和完善。最终得到的即为下一步要进行提纯的所有测量问项。该步骤共删除42个问项，剩余问项总数为60。

本步骤中，问项的删减主要由专家评审意见和在读研究生评审意见决定。删减标准主要包括三个方面。①本研究开发的量表类型为反映型量表，因此删除表明消费者脆弱性原因的语句；②本研究关注的消费者脆弱性限于营销情境中的消费过程，因此删除与此不相关的题项。③本研究试图开发一套适用于一般成年消费者的量表，因此删除仅适用于特殊情境、特殊人群的题项。

7.6　问项提纯

得到经过内容效度评估的问项库后，便进入问项提纯阶段，该阶段的主要目的是根据数据分析结果筛选问项，以得到简洁有效的测量量表。这一阶段的数据收集都是以问卷调查的方式完成的。涉及的样本均通过网络在线样本服务平台采集，样本涵盖不同年龄阶段、不同教育水平及不同收入人群。这也符合本书界定消费者脆弱性这一构念时确定的评估实体——消费者个体。

在该阶段，本研究首先进行了一轮预测试，目的在于评估问项的可读性，以确保在以后的施测阶段，受访者能够理解各测量问项的内容。预测试结束后，根据得到的数据分析结果调整问项，随后重新招募一批被试并对其施测。这一轮测试的目的在于检验语法效应（Wording Effect）和反应偏差（Response Bias）。同时，在这一阶段，还在问卷中加入了测量社会赞许性反应的问项，以检验该量表是否会受到社会赞许性的影响。

经过两轮预测试后，得到消费者脆弱性试行量表，将该量表在新样本上正式施测。这一阶段发放的问卷主要包括四个部分。①向受访者简要介绍调查的目的及回答问卷的注意事项；②让受访者根据 7 分李克特量表回答对消费者脆弱性试行量表所有问项的同意程度（1＝"完全不同意"，7＝"完全同意"）；③让受访者填写人口统计变量（如性别、年龄、教育水平、收入水平）；④向完成调查的受访者表示感谢。

基于正式施测收集到的数据，采用 EFA，通过计算 α 值、相关系数等，检验测量问项的内部一致性、单维性、因子结构、构念效度，并筛选出表现不佳的问项将其从问项库中删除，从而进一步完善量表。

7.6.1 预调查

在预调查阶段，本研究招募了一组受访者（描述信息见表 7-1 样本 1）并让他们根据 5 分李克特量表对 60 个问项（随机排列）逐一评价其同意程度（1＝"完全不同意"，5＝"完全同意"）。为了保持量表较高的内部一致性，本节利用 SPSS 19.0 软件计算了 CITC，并删除了 4 个 CITC 值小于 0.3 的问项。接下来，实施 KMO 样本充分性检验和 Bartlett 球形检验以确认是否适合进行因子分析。结果表明，KMO 值在可接受范围之内（KMO 样本充分性指标＝0.810），Bartlett 球形检验结果显著（$p<0.001$）。随后，进行 EFA，采取主成分分析法提取因子，并采用最大方差法（Varimax Rotation）旋转因子，根据得到的结果，删除 11 个变量共同度和因子载荷小于 0.50 的问项。该阶段剩余 45 个问项。

7 消费者脆弱性测量量表开发

表 7-1 样本人口统计性分布概况

人口统计变量	内容	样本1 (N=120)	样本2 (N=213)	样本3 (N=374)	样本4 (N=416)	样本5 (N=107)	样本6 (N=247)	样本7 (N=141)	样本8 (N=164)	样本9 (N=209)	样本10 (N=175)
性别	男	40.9	45.5	48.4	60.3	41.1	59.9	48.2	64.6	62.7	45.7
	女	59.1	54.5	51.6	39.7	58.9	40.1	51.8	35.4	37.3	54.3
年龄	18~25	11.3	11.7	15.8	0.2	9.3	0.4	20.6	0.6		1.1
	26~30	31.3	32.9	31.0	8.9	33.6	10.9	28.4	9.8	8.1	14.3
	31~35	18.3	34.7	23.5	30.0	35.5	30.0	20.6	27.4	28.7	30.3
	36~40	12.2	11.7	14.7	23.6	13.1	22.3	17.0	23.2	24.9	20.6
	41~50	14.8	5.2	9.1	26.4	6.5	26.3	7.8	26.2	26.8	20.6
	51~60	12.2	3.8	5.3	6.7	1.9	4.9	5.0	9.8	8.6	6.9
	61岁及以上			0.5	4.1		5.3	0.7	3.0	2.9	6.3
教育水平	高中及以下	10.4	3.8	4.8	6.0	2.8	6.9	5.7	6.7	5.7	5.7
	大专	13.0	13.6	16.0	19.7	13.1	21.9	19.1	17.1	15.3	17.7
	本科	27.8	71.4	70.1	60.3	73.8	56.3	70.2	62.2	65.6	64.0
	研究生及以上	48.7	11.3	9.1	13.9	10.3	15.0	5.0	14.0	13.4	12.6
月可支配收入	1000元以下	/	1.9	3.2	2.6	3.7	1.6	4.3	4.3	3.8	0.6
	1000~3000	/	9.9	8.8	11.5	10.3	10.5	9.2	11.6	12.4	8.6
	3000~5000	/	28.6	32.6	26.2	25.2	27.9	34.0	29.3	25.4	24.0
	5000~8000	/	35.7	34.8	31.5	36.4	30.0	35.5	31.1	30.6	28.6
	8000元以上	/	23.9	20.6	28.1	24.3	30.0	17.0	23.8	27.8	38.3

为了进一步修正问项，本研究招募了另一组受访者（描述信息见表7-1样本2）并让他们根据7分李克特量表评价对45个问项中每一问项的同意程度（1="完全不同意"，7="完全同意"）。本次施测的主要目的在于，检验是否存在句法效应和反应偏差。分析过程与上述步骤相同，本阶段各问项的CITC值均大于0.3，KMO值（0.833）在可接受范围内，Bartlett球形检验结果显著（$p<0.001$）。随后，采用主轴因子法提取因子，并采用最大方差法旋转因子，在得到的因子中有一个因子包括5项反向问项。进一步斜交旋转也产生了相似的结果。这表明反向编码的存在导致了系统偏差的出现。所以，删除这5个反向编码的问项（有其他问项测量相应内容），该阶段剩余问项总数为40。为了降低趋同反应偏差，将剩余40个问项中的2个（Q4、Q12）进行反向编码。同时，为了控制社会赞许性反应，又让受访者回答了其他控制问项，结果表明受访者并未受到社会赞许性的影响。

7.6.2 探索性因子分析

将预测试阶段得到的460个问项在新样本上正式施测，并进行EFA，以确定试行消费者脆弱性测量量表。

（1）样本

本研究通过在线样本服务平台招募了374个受访者（描述信息见表7-1样本3），并让他们依据7分李克特量表对上述40个问项进行评价。在所有受访者中，男性受访者为181人，女性受访者为193人。只有1位受访者年龄在18岁以下，其余受访者年龄都在18岁以上，26～30岁年龄段所占比例最高（31.0%）。接近80%的受访者教育程度在本科以上。大部分受访者（88%）每月可支配收入在3001元以上。

受访者在回答了用来测量消费者脆弱性的所有问项后，又回答了人口统计变量相关问题。总共回答时间平均为12分钟，在预计完成时间10～15分钟范围内。受访者的平均得分为131.85。

（2）结果

首先，计算各问项的CITC值，删除4个CITC值小于0.4的问项。样本数据的KMO值为0.909，球形检验结果显著（$p<0.001$），说明适合进行因子分析。对剩余的36个问项采取主成分分析法，提取出7个因子（结果见图7-6）。最大方差法旋转因子后，根据得到的旋转矩阵，详细检查因子载荷小于0.50的问项。该阶段所有问项的因子载荷均大于0.50。对初次EFA后得到36个问项用同样的标准再次进行EFA，同样得到7个因子，且所有问项的因子载荷均大于0.50。对每个因子包含的问项进行审查，淘汰冗余或相对

不重要的问项。这一过程共删除 8 个问项，剩余问项 28 个（表 7-2）。

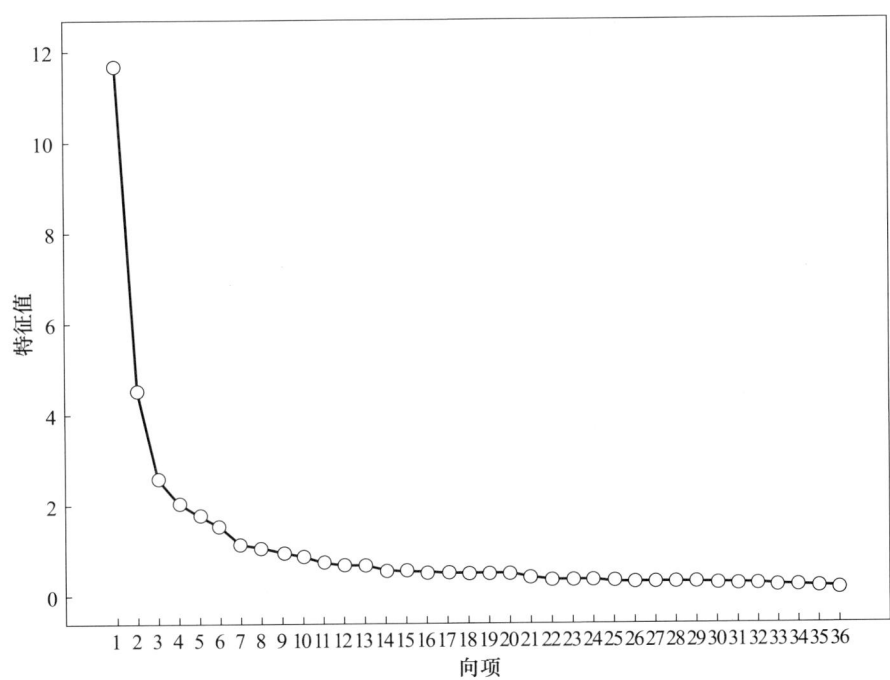

图 7-6 碎石图

表 7-2 消费者脆弱性测量问项

编号	问项
Q1	我经常购买广告中宣传的产品。
Q2	我经常购买时下广告推荐的产品。
Q3	我经常根据各种大众传媒中宣传的产品信息来做出购买决策。
Q4	我通常根据广告中强调的产品属性来对同类产品做出购买决策。
Q5	我常常购买商家各种宣传活动中推荐的产品。
Q6	如果某一产品是我熟悉的名人代言的产品，我会毫不犹豫地购买。
Q7	我在购买某一产品时，并不会考虑这个产品在使用过程中可能造成的伤害。
Q8	我在购买某一产品时，通常不确定该产品会不会对我造成伤害。
Q9	我在购买某一产品时通常不会比较其他相似产品。
Q10	我在购买某一产品时往往不了解该产品的同类品牌。
Q11	我在购买产品时没有特定的评价标准。
Q12	我经常为了取悦他人而购买某一产品。

续表

编号	问项
Q13	我经常为了迎合他人而购买某一产品。
Q14	我经常为了避免和他人发生不愉快而购买某一产品。
Q15	在购买某一产品时，我通常看别人的脸色行事。
Q16	我经常以更低的价格购买与某一产品相似的产品。
Q17	我在购买某一产品时常常退而求其次，购买比想要的产品差一点的产品。
Q18	我常常买不到想要的产品，只好买与其相似的替代品。
Q19	在购买某一产品时，我常常发现在我能力范围内可供选择的产品非常少。
Q20	在促销员的劝说下我常常更改自己的决定。
Q21	销售人员的热情服务会促使我购买更多产品。
Q22	我常常因为不好意思拒绝销售人员的服务而购买其推荐的产品。
Q23	我的购买决策常常受到情绪的影响。
Q24	在购买某一产品时，如果有无效退款的保证，那么我会毫不犹豫地购买。
Q25	在购买某一产品时，如果有无条件退款的保证，那么我会毫不犹豫地购买。
Q26	在购买某一产品时，如果有产品保障或退款协议，那么我会毫不犹豫地购买。
Q27	在购买某一产品时，我通常不知道哪些信息属于营销欺诈。
Q28	在购物过程中，我常常分辨不出商家的哪些手段属于营销欺诈。

对剩余的 28 个问项再次进行 EFA，标准同上，抽取出的因子个数为 7。这 7 个因子能够解释的总变异量（73.78%）超过了 50%。该阶段旋转矩阵结果如表 7-3 所示，由该表可知，所有问项在其相应因子上的载荷均大于 0.50。

表 7-3　EFA 阶段旋转矩阵结果

问项编号	因子						
	F1	F2	F3	F4	F5	F6	F7
Q1	0.910						
Q2	0.875						
Q3	0.846						
Q4	0.789						
Q5	0.707						
Q6	0.688						
Q7		0.796					
Q8		0.757					

续表

问项编号	因子						
	F1	F2	F3	F4	F5	F6	F7
Q9		0.715					
Q10		0.707					
Q11		0.635					
Q12			0.852				
Q13			0.845				
Q14			0.765				
Q15			0.720				
Q16				0.826			
Q17				0.711			
Q18				0.707			
Q19				0.705			
Q20					0.770		
Q21					0.721		
Q22					0.713		
Q23					0.670		
Q24						0.868	
Q25						0.846	
Q26						0.798	
Q27							0.902
Q28							0.872

根据每个因子中包含的问项内容，本研究将这7个因子分别命名为：产品宣传、商品知识、社会压力、购买能力、营销和情绪压力、退货政策及分辨能力。这些潜在变量表明消费者在这些维度上容易表现出脆弱性。因子名称、每个因子的内部一致性指标 Cronbach's α 值及每个因子所含问项的 CITC 值见 EFA 分析结果（表7-4）。所有因子的 α 值均高于推荐的阈值（0.70），因此，这28个问项即构成了试行消费者脆弱性测量量表。

表 7-4　EFA 分析结果

因子	问项编号	Cronbach's α	CITC
F1 产品宣传	1-1 [Q1]	0.918	0.851
	1-2 [Q2]		0.811
	1-3 [Q3]		0.775
	1-4 [Q4]		0.745
	1-5 [Q5]		0.721
	1-6 [Q6]		0.704
F2 商品知识	2-1 [Q7]	0.854	0.664
	2-2 [Q8]		0.641
	2-3 [Q9]		0.607
	2-4 [Q10]		0.742
	2-5 [Q11]		0.681
F3 社会压力	3-1 [Q12]	0.891	0.780
	3-2 [Q13]		0.825
	3-3 [Q14]		0.739
	3-4 [Q15]		0.702
F4 购买能力	4-1 [Q16]	0.842	0.659
	4-2 [Q17]		0.709
	4-3 [Q18]		0.658
	4-4 [Q19]		0.682
F5 营销和情绪压力	5-1 [Q20]	0.834	0.764
	5-2 [Q21]		0.581
	5-3 [Q22]		0.683
	5-4 [Q23]		0.635
F6 退货政策	6-1 [Q24]	0.899	0.861
	6-2 [Q25]		0.800
	6-3 [Q26]		0.740
F7 分辨能力	7-1 [Q27]	0.882	0.789
	7-2 [Q28]		0.789

（3）二阶 EFA

基于上述结果，本节又进一步提取了二维因子，结果表明，这两个因子可以解释总方差变异量的 49.67%。根据两个因子中题项的内容，我们从消费者自身出发，将这两个因子分别命名为：无知型脆弱（包括产品宣传和退货政策）和无力型脆弱（包括商品知识、社会压力、营销和情绪压力、分辨能力和购买能力）。这两个高阶潜在变量说明消费者脆弱性确实受到内外因素的共同影响。与此同时，从更深层次上来看，无知型脆弱和无力型脆弱反映了消费者在决策时表现出来的两种倾向：无知型脆弱表现为消费者在商家营销策略的影响下，对自己做出的决策不甚了解；而无力型脆弱表现为消费者在决策时由于自身能力有限，或受到心理状态的影响，不得不做出可能不满的决策。这两个因子的 Cronbach's α 值分别为 0.908、0.910，均高于推荐的阈值（0.70）。该结果也证实了本书在概念模型中提出的消费者脆弱性的分类。

7.7　本章小结

本章系统介绍了消费者脆弱性测量量表的开发过程，通过对构念的精确定义、问项库的系统生成、内容效度的严格评估以及问项的提纯，逐步构建了适用于一般消费情境的试行消费者脆弱性测量量表。在构念定义阶段，本研究综合了现有文献中的不同定义视角，借助专家评审进一步优化了消费者脆弱性的定义。问项库的生成则结合了文献搜集、经验调查和焦点小组访谈的结果，确保了问项的全面性和代表性。在内容效度评估环节，依托专家小组和在读研究生小组的多轮评审，有效去除了模糊不清或不具代表性的问项。最后，基于探索性因子分析（EFA），本研究对问项进行了提纯，识别出关键因子，并初步确定了量表的维度结构。这些步骤不仅确保了量表的信效度，也为后续的量表验证奠定了基础。下一章将进一步对本章提出的量表进行验证和修正，以形成一个信效度更高的最终量表，为实证研究中测量消费者脆弱性提供坚实的工具支持。

8 消费者脆弱性测量量表验证

本章将进行量表开发的最后一个步骤,即量表验证,并对相关结果进行详细汇报。具体来说,首先概述量表验证步骤包含的内容;随后,对试行消费者脆弱性测量量表采用 CFA,检验其与实际数据的适配性;最后,评估该量表的信度和效度。经过上述步骤,本研究最终得到包含 28 个问项的消费者脆弱性测量量表。

8.1 量表验证概述

经过量表提纯后,得到的消费者脆弱性初始测量量表已经具有一定的信度和内容效度。量表验证阶段的主要目的则是检验开发阶段得到的因子结构模型与实际数据的拟合程度。并在此基础上评估量表的内部一致性、构念效度、区分效度等,进而确定量表的最终形式。这一步骤数据收集方式仍为问卷调查,涉及的样本也都是通过网络在线样本服务平台采集的。同样,样本涵盖不同年龄阶段、不同教育水平及不同收入人群。

与量表提纯阶段发放的问卷不同,量表验证阶段需要检验量表的构念效度、区分效度、预测效度等,因此,本研究在不同版本的问卷中分别加入了与消费者脆弱性特质相关的其他特质的测量问项,以及与消费者脆弱性相关的非理性行为、消费者福利测量问项。除了用于 CFA 的问卷(该问卷不包含下述第三部分),其他问卷大体包括 5 个部分。①向受访者介绍调查的目的及回答问卷的注意事项。②让受访者根据 7 分李克特量表回答对消费者脆弱性初始量表所有问项的同意程度(1="完全不同意",7="完全同意")。③让受访者根据 7 分李克特量表回答对相关特质、行为或福利测量问项的同意程度(1="完全不同意",7="完全同意")。这部分具体测量内容包括:后悔失望量表(Regret and Disappointment Scale,RDS)、消费者幸福感测量指标(Consumer Well-Being Measures,CWBM)、社会期许清单-简版(Marlowe-Crowne Social Desirability Inventory-brief version,MCSDI-bv)、孤独简短量表(Loneliness Short Scale,LSS)、物质主义量表-简版(Materialism Scale-brief version,MS-bv)、最大化量表-简版(Maximization Scale-brief version,MaxS-bv)、认知需求量表-简版(Need for Cognition Scale-brief version,

NFC-bv)、自我控制量表-简版（Self-Control Scale-brief version，SCS-bv)、基于情感决策制定量表（Emotion-Based Decision-Making Scale-brief version，EBDMS-bv)、人际关系易感性测量指标（Susceptibility to Interpersonal Influence Measures，SIIM)、世俗理性主义量表（Lay Rationalism Scale，LRS)、感知控制缺失测量指标（Perceived Loss of Control Measures，PLCM)、6因素自我概念量表（Six-Factor Self-Concept Scale，6FSCS)、冲动性购买量表-简版（Buying Impulsiveness Scale-brief version，BIS-bv)，以及评价描述消费情境中整体产品效用感知和情感体验的语句。④让受访者填写人口统计变量（如性别、年龄、教育水平、收入水平)。⑤向完成调查的受访者表示感谢。

数据收集完成后，首先进行CFA，根据标准化因子载荷筛选测量问项，根据α值评估各因子的内部一致性。计算各因子的组合信度、收敛效度及区分效度并进行评估。计算消费者脆弱性测量模型的适配度指标，包括GFI、CFI、RMSEA和SRMR等。根据上述统计指标，评估本研究开发的消费者脆弱性测量量表与实际数据的适配性。调整问项并重复上述过程，直到得到满意的CFA结果。

利用CFA得到的测量问项在新样本上施测，根据收集到的数据进行信度和效度检验。信度检验主要通过计算α值评估各因子的内部一致性。另外，本研究也对重测信度进行了检验，施测时间间隔为2周，若两次施测结果的相关系数较高，则说明该量表具有良好的重测信度。本节对效度的检验主要通过评估区分效度和构念效度。区分效度的检验通过计算消费者脆弱性量表与其他相关量表或测量问项的相关性。如果相关性较低，则说明新开发的量表与其他量表测量的构念在本质上不同，即说明该量表具有一定的区分效度。构念效度的检验通过比较不同脆弱程度的群体其福利水平的高低情况。根据本研究对消费者脆弱性的界定，在消费情境中，脆弱性程度高的消费群体，其受到外在刺激影响后，更容易做出有损自身福利决定。因此，在检验过程中，若发现脆弱性程度高的消费群体，其所购产品或服务效用更低、质量更差，更容易经历负面情绪，也更容易产生非理性消费行为，那么说明新开发的量表对消费者福利变化及非理性决策行为都有一定的预测性，这就进一步表明该量表具有良好的构念效度。

8.2 验证性因子分析

8.2.1 样本

为了验证在EFA中得到的因子结构模型是否与实际数据适配，本阶段以消费者脆弱性试行量表为工具，重新招募了456位受访者（描述信息见表7-1样本4），同样让他们依据7分李克特量表对28个问项进行评价。本阶段收回有效问卷416份。

8.2.2 结果

在CFA阶段，本研究采用极大似然估计（Maximum-Likelihood Estimation），并利用AMOS 21.0软件进行数据分析。待验证的消费者脆弱性因子模型图及各因子载荷标准化估计值见图8-1。

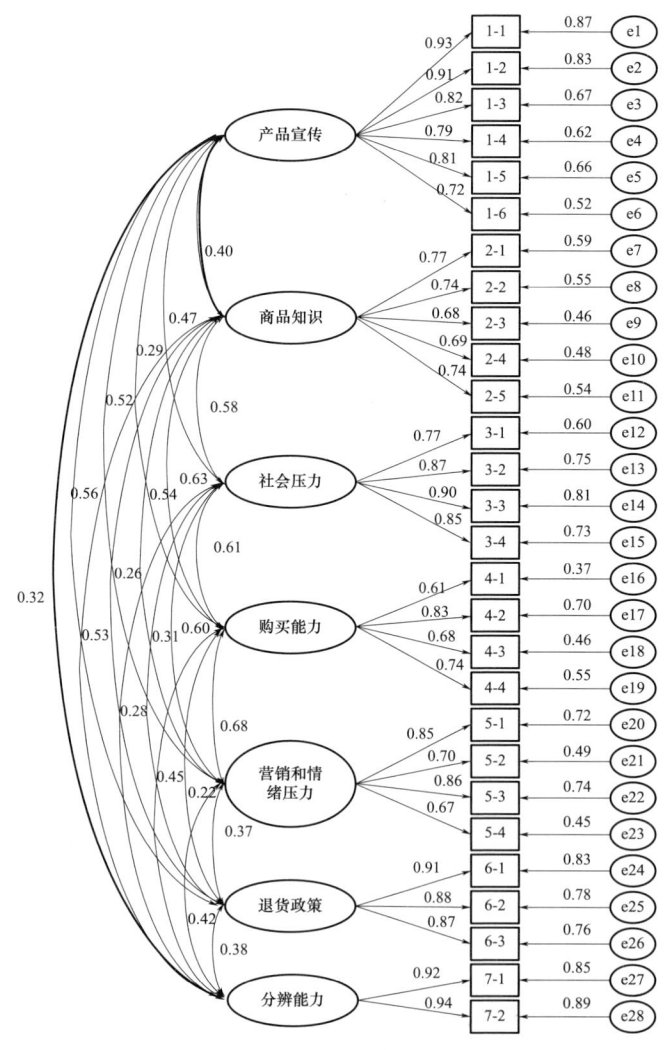

图8-1 CFA分析结果（N=416）

由上图可知，所有问项对应因子上的标准化因子载荷介于 0.61 至 0.94 之间，均大于 0.50 而小于 0.95，且全部通过 t 检验（$p<0.001$）。

计算 7 个因子的 Cronbach's α 值，产品宣传、商品知识、社会压力、购买能力、营销和情绪压力、退货政策及分辨能力的 α 值分别为 0.925、0.863、0.922、0.794、0.851、0.919、0.930，均大于 0.7，表明量表具有较高的内部一致性。

根据 EFA 和 CFA 得到的结果，本研究将最终量表包含的 7 个因子和 28 个问项总结如下（表 8-1）。

表 8-1　消费者脆弱性测量量表

因子	编号	问项
产品宣传	Q1	我经常购买广告中宣传的产品。
	Q2	我经常购买时下广告推荐的产品。
	Q3	我经常根据各种大众传媒中宣传的产品信息来做出购买决策。
	Q4	我通常根据广告中强调的产品属性来对同类产品做出购买决策。
	Q5	我常常购买商家各种宣传活动中推荐的产品。
	Q6	如果某一产品是我熟悉的名人代言的产品，我会毫不犹豫地购买。
商品知识	Q7	我在购买某一产品时，并不会考虑这个产品在使用过程中可能造成的伤害。
	Q8	我在购买某一产品时，通常不确定该产品会不会对我造成伤害。
	Q9	我在购买某一产品时通常不会比较其他相似产品。
	Q10	我在购买某一产品时往往不了解该产品的同类品牌。
	Q11	我在购买产品时没有特定的评价标准。
社会压力	Q12	我经常为了取悦他人而购买某一产品。
	Q13	我经常为了迎合他人而购买某一产品。
	Q14	我经常为了避免和他人发生不愉快而购买某一产品。
	Q15	在购买某一产品时，我通常看别人的脸色行事。
购买能力	Q16	我经常以更低的价格购买与某一产品相似的产品。
	Q17	我在购买某一产品时常常退而求其次，购买比想要的产品差一点的产品。
	Q18	我常常买不到想要的产品，只好买与其相似的替代品。
	Q19	在购买某一产品时，我常常发现在我能力范围内可供选择的产品非常少。
营销和情绪压力	Q20	在促销员的劝说下我常常更改自己的决定。
	Q21	销售人员的热情服务会促使我购买更多产品。
	Q22	我常常因为不好意思拒绝销售人员的服务而购买其推荐的产品。
	Q23	我的购买决策常常受到情绪的影响。

续表

因子	编号	问项
退货政策	Q24	在购买某一产品时，如果有无效退款的保证，那么我会毫不犹豫地购买。
	Q25	在购买某一产品时，如果有无条件退款的保证，那么我会毫不犹豫地购买。
	Q26	在购买某一产品时，如果有产品保障或退款协议，那么我会毫不犹豫地购买。
分辨能力	Q27	在购买某一产品时，我通常不知道哪些信息属于营销欺诈。
	Q28	在购物过程中，我常常分辨不出商家的哪些手段属于营销欺诈。

8.2.3 效度评估

组合信度（CR）、收敛效度（AVE）及区分效度的相关数据见表 8-2。所有因子的组合信度都高于 0.70，AVE 值均高于 0.50，说明模型具有较好的收敛效度。本研究通过比较 AVE 平方根与因子间相关系数的大小来检验区分效度。表 8-2 中对角线上数据为 AVE 平方根，对角线下方数据为因子间相关系数。数据表明，AVE 平方根大于相应的因子相关系数，说明该量表具有良好的区分效度。

表 8-2 组合信度、收敛效度和区分效度评估结果（N=416）

潜变量	组合信度（CR）	收敛效度（AVE）	产品宣传	商品知识	社会压力	购买能力	营销和情绪压力	退货政策	分辨能力
产品宣传	0.931	0.694	0.833						
商品知识	0.847	0.525	0.400	0.725					
社会压力	0.911	0.721	0.465	0.577	0.849				
购买能力	0.809	0.518	0.290	0.634	0.613	0.720			
营销和情绪压力	0.856	0.600	0.517	0.538	0.596	0.684	0.775		
退货政策	0.917	0.786	0.564	0.262	0.309	0.218	0.374	0.887	
分辨能力	0.928	0.865	0.316	0.531	0.275	0.453	0.425	0.382	0.930

表 8-3 呈现了本研究开发的消费者脆弱性测量模型适配度指标，结果表明，卡方自由度比（χ^2/df）介于 1~2 之间，GFI、CFI 大于 0.9，RMSEA 小于 0.08，SRMR 小于 0.05，说明该模型与数据适配性良好。因此，接下来我们将对最终包含 28 个问项的消费者脆弱性测量量表进行信效度评估。

表 8-3 模型拟合指标 （N=416）

χ^2/df	GFI	CFI	RMSEA	SRMR
1.967	0.905	0.965	0.048	0.045

8.2.4 二阶模型 CFA

本文也检验了二阶因子模型。无知型脆弱和无力型脆弱两个因子上的标准化因子载荷都介于 0.5～0.95 之间，且全部通过 t 检验（$p<0.001$）。CFA 二阶模型及各因子载荷见图 8-2。

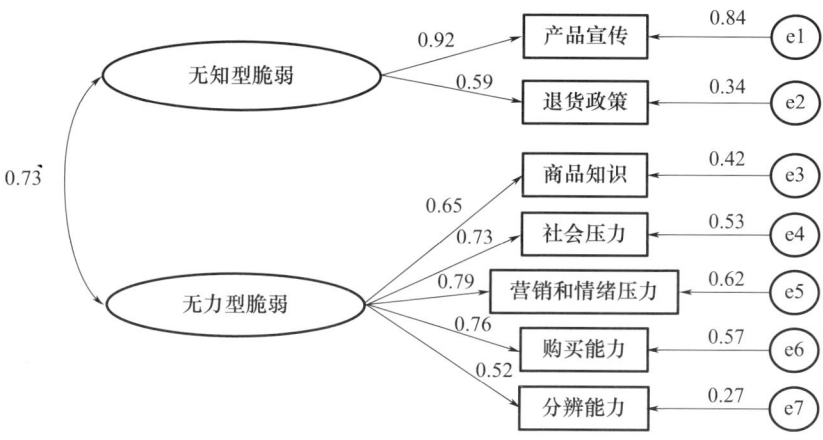

图 8-2 二阶 CFA 结果

表 8-4 呈现了上述消费者脆弱性测量量表二阶模型的适配度指标，各指标都在可接受范围内，说明从消费者自身来说，脆弱性在更深层次表现为无知或无力。该结果再次证实本书提出的消费者脆弱性分类的合理性。

表 8-4 二阶模型拟合指标

χ^2/df	GFI	CFI	RMSEA	SRMR
1.327	0.991	0.997	0.030	0.019

8.3 信度评估

为了检验消费者脆弱性测量量表的内部一致性，本研究利用通过预测试阶段（样本 1、样本 2）、EFA 过程（样本 3）及 CFA 过程（样本 4）收集到的数据，估计了该量表在每个样本上的 Cronbach's α 值（表 8-5）。每一数据集产生的 Cronbach's α 值均高于 0.80 甚至更高，表明具有较高的内部一致性。为了检验量表的重测信度，对样本 3 中的 106 名受访者进行了两次消费者脆弱性测量量表施测，施测的时间间隔为 2 周。两次施测结果的相关系数为 0.956（$p<0.001$），表明该量表具有较高的重测信度。

表 8-5 信度评估结果

样本	N	Cronbach's α
样本 1	120	0.921
样本 2	213	0.887
样本 3	374/106	0.920/0.904
样本 4	416	0.935

8.4 效度评估

8.4.1 区分效度

根据本研究对消费者脆弱性的界定，其作为一种个体特质，既不同于弱势群体特有的特质，也不等同于消极的情感状态或消极的自我概念。它与非理性决策行为有关，但又与和非理性相关的特质不同。为了检验消费者脆弱性与其他个体特质的区别，本研究招募了几组受访者（描述信息见表 7-1 样本 5-9），利用消费者脆弱性测量量表测量了他们的消费者脆弱性，同时也在这些受访者身上施测了相关的其他量表或测量指标。本研究尚未涉及不同国家、文化等情境的影响，因此，该阶段采用的量表都是由原始英文量表直接翻译而来。表 8-6 总结了消费者脆弱性测量量表与这些量表的相关性。

表 8-6 消费者脆弱性测量量表与其他量表的相关度

测量内容	其他量表	施测样本	相关系数
情感状态/自我概念	消费者幸福感测量指标	5	−0.290**，−0.203*
	社会期许量表—简版	5	0.043，0.158
	后悔与失望量表	5	0.438**
	简短孤独量表	6	0.340**
	感知控制缺失测量指标	6	0.513**
	6 因素自我概念量表	6	−0.183**

续表

测量内容	其他量表	施测样本	相关系数
非理性特质	自我控制量表-简版	7	−0.312**
	人际关系易感性测量指标	7	0.491**
	最大化量表-简版	8	0.204**
	世俗理性主义量表	8	−0.184*
	冲动购买量表-简版	9	0.433**
	基于情感制定决策量表-简版	9	0.432**
	物质主义量表-简版	9	0.325**
	认知需求量表-简版	9	−0.180**

注：* $p<0.05$；** $p<0.01$

总体来说，消费者脆弱性与消费者幸福感、自我概念、理性主义、认知需求呈现出较弱的负相关（$|r|<0.30$），说明消费者脆弱程度越高，幸福感越低、自我概念越弱、理性程度越低、认知需求越低。而后悔失望、感知控制缺失、人际关系易感性、冲动性购买、基于情感制定决策则呈现出较高的相关程度（$|r|>0.40$），说明消费者脆弱性程度越高，越容易产生后悔失望的情绪、感知控制缺失程度越高、决策时对人际关系越敏感、冲动性越强、越会依靠情感制定决策。

从上述结果可以看出，首先，消费者脆弱性确实与一些个体特质变量相关，这说明其并不是一个孤立的概念。其次，除了感知控制缺失与消费者脆弱性的相关性超过 0.50，其余大部分变量与消费者脆弱性的相关度都不强，这表明其不是一个冗余的变量。再者，感知控制缺失与消费者脆弱性相关度较高，也与 Baker 等人（2005）给出的消费者脆弱性定义一致，表明本研究开发的消费者脆弱性测量量表与感知控制缺失测量的潜在变量是一致的，而各自测量的角度不同。最后，我们也可以从结果中发现，消费者脆弱性与社会期许不相关，这表明消费者脆弱性测量量表的施测结果不会受社会期许偏见的影响。

8.4.2 构念效度

（1）消费者脆弱性与非理性购买行为

本研究认为消费者脆弱性作为非理性消费行为的内在机制，可以预测部分非理性决策行为，如冲动购买、物质主义等。该阶段的数据来源于样本 8 和样本 9。

根据受访者在消费者脆弱性测量量表上的得分，本节首先将所有受访者的得分由低到高进行排序，并按照总分的前27%和后27%分为低脆弱组和高脆弱组，进而检验不同组别受访者的非理性消费行为之间的差异。结果表明，不同脆弱程度的受访者，非理性程度差异显著（$p<0.05$）（结果见图8-3）。具体来说，脆弱程度较高的消费者，在决策时最大化倾向更明显，冲动性更强，物质主义倾向更高，在决策时更不理性。上述结果说明消费者脆弱性测量量表对消费者非理性决策行为具有一定的预测性，脆弱性越高，越容易产生非理性行为。

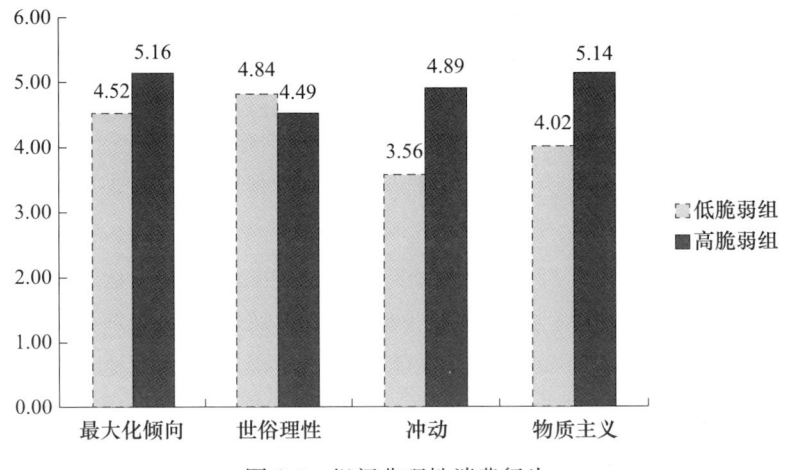

图8-3 组间非理性消费行为

（2）消费者脆弱性与消费者福利

消费者脆弱性测量量表开发背后隐含的另一假设是消费者脆弱性与消费者福利负相关，这种福利包括产品效用感知（如满意）、情感体验（如后悔）等。该阶段的数据来源于样本5和样本6。此外，在样本6中，本研究还让受访者依7分李克特量表对描述消费情境中整体产品效用感知和情感体验的语句进行评价（1="完全不同意"，7="完全同意"）。

根据样本6中受访者的回答结果，同样将其分为高、低脆弱两组。随后，计算来自不同分组的受访者对产品效用（"产品经常出现质量问题""产品没有实际用处"）和情感体验（"不满""负面情绪"）相关变量的评价分数。结果表明，低脆弱组与高脆弱组的受访者对产品效用感知和情感体验的评价差异显著（$p<0.05$）（结果见图8-4）。具体来说，脆弱性较高的消费者，他们购买的产品出现质量问题的概率更大，产品没有实际用处的可能性更高，同时，他们也更可能对产品感到不满并经历其他负面情绪。这些结果都证明了脆弱性高的消费者更有可能做出损害自身福利的决策。

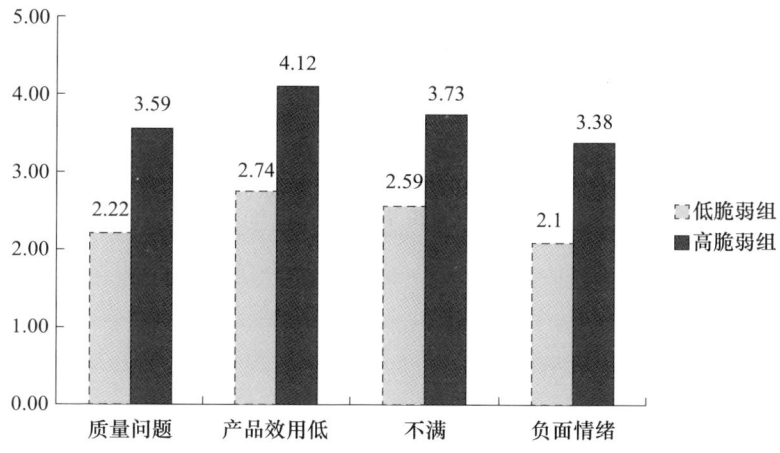

图 8-4 组间产品效用感知及情感体验评价

上述结果可以表明,消费者脆弱性测量量表能够测量出不同脆弱程度的消费者其做出的决策对自身福利损害程度的高低,同时,该量表的测量结果也能够预测消费者的非理性决策行为,这都说明消费者脆弱性测量量表具有良好的构念效度,也在一定程度上证明了本研究提出的非理性决策理论框架的合理性与可行性。

8.4.3 人口统计变量

为了探讨消费者脆弱性与人口统计变量之间的关系,本节收集了样本 5-9 所有受访者的人口统计变量信息(表 8-7)。

表 8-7 人口统计特征分布概况 (N=868)

人口统计变量	内容	分布情况(%)
性别	男	57.3
	女	42.7
年龄	18~25	4.7
	26~30	15.7
	31~35	28.3
	36~40	21.1
	41~50	21.0
	51~60	6.3
	61 岁以上	2.9

续表

人口统计变量	内容	分布情况（%）
教育水平	高中及以下	5.9
	大专	17.9
	本科	64.1
	研究生及以上	12.2
月可支配收入	1000元以下	3.3
	1001~3000	10.9
	3001~5000	28.2
	5001~8000	32.0
	8001元以上	25.5

根据得到的数据，本节首先利用 ANOVA 方差分析方法对消费者脆弱性在不同性别、年龄段、教育水平及收入范围上的表现进行了分析（结果见表8-8）。

表8-8 ANOVA 分析结果

影响因子	组别	样本量	均值	标准误	F值
性别	男	497	99.22	1.011	0.121
	女	371	98.69	1.129	
年龄	18~25	41	105.98	4.057	5.197**
	26~30	136	102.04	1.905	
	31~35	246	101.23	1.373	
	36~40	183	98.21	1.439	
	41~50	182	97.53	1.671	
	51~60	55	86.00	3.236	
	61岁以上	25	93.92	4.600	
教育水平	高中及以下	51	91.45	2.938	2.679*
	大专	155	98.14	1.953	
	本科	556	100.16	0.923	
	研究生及以上	106	97.75	2.058	
月可支配收入	1000元以下	29	97.10	3.462	0.649
	1001~3000	95	98.75	2.320	
	3001~5000	245	100.42	1.372	
	5001~8000	278	99.36	1.391	
	8001元以上	221	97.30	1.479	

注：* $p<0.05$；** $p<0.01$

ANOVA 分析结果表明，消费者脆弱性在不同年龄及不同教育水平群体间差异显著，而在不同性别和不同收入水平的群体间差异不显著。本研究采用的样本中，年龄较小的群体（18～25 岁）脆弱程度最高；而老年群体，特别是 51～60 岁之间的人群，脆弱程度较低。这可能是因为年轻的消费者购物经验较少，对外在的刺激和诱惑感到更新鲜，从而更容易被影响。这一结果与 Berg（2015）的研究结果相同，说明老年人不一定是脆弱的群体。另外，在该样本中，本科学历的人群脆弱程度最高，而学历为高中及以下的群体脆弱程度最低，这一结果不同于以往的研究结论。上述结果也说明消费者脆弱性的界定不能仅仅依据人口统计变量。

另外，本研究又利用回归分析方法分析了人口统计变量对消费者脆弱性的影响（表 8-9）。结果表明，这些变量对消费者脆弱性影响显著（$F(4/863) = 6.953$，$p < 0.001$），但对于单一变量来说，只有年龄的影响显著（$\beta = -0.170$，$p < 0.001$）。

表 8-9 消费者脆弱性回归分析结果

模型		非标准化系数		标准化系数	t	Sig.
		β	标准误			
1	（常量）	114.427	5.387		21.240	0.000
	性别	−3.009	1.575	−0.067	−1.911	0.056
	年龄	−2.701	0.564	−0.170	−4.791	0.000
	教育水平	1.332	1.115	0.043	1.195	0.233
	收入	−0.617	0.730	−0.030	−0.844	0.399

8.5 本章小结

经过 CFA、信度效度检验后，包含 28 个问项的消费者脆弱性测量量表被证实有效。本章的验证结果说明，本书界定的构念——消费者脆弱性，可以在实证研究中利用消费者脆弱性测量量表进行测量。不仅如此，该量表还能够预测消费者的非理性决策行为，同时也能够预测消费者福利变化情况，这为本研究提出的非理性决策理论框架提供了实证依据。在后续研究中，该量表可以直接用来测量消费者脆弱性特质，也可以按照 Naylor（1981）提出的特质-状态量表转换方法，根据特定的研究情境加以调整，用来测量消费者脆弱状态。接下来，本书将探讨消费者脆弱性理论在实际营销情境中的应用，即从消费者脆弱性的视角，解释营销刺激对消费者非理性决策及福利的影响。

9 概念模型检验——保健品行业

本章应用前文开发的消费者脆弱性测量量表，以情感绑架式营销和信息轰炸式营销为具体的营销刺激手段，检验其对消费者从众行为的影响，并进一步探讨消费者脆弱性在此过程中的中介作用及年龄的调节效应。本章首先介绍研究背景和研究意义；然后展示具体的概念模型并提出研究假设；最后，通过实验验证不同营销刺激对消费者脆弱性的影响及其对从众行为的间接效应。

9.1 研究背景和研究意义

近年来，随着公众健康意识的提升与人口老龄化趋势的加剧，保健品市场在全球范围内实现了快速增长。特别是在中国，保健品已成为深受消费者青睐的重要消费品类。然而，保健品行业的快速发展也伴随着一定的市场乱象，部分企业通过夸大宣传、误导性广告等方式，对消费者，特别是老年群体，施加不当影响，诱导其做出非理性购买决策。老年消费者由于对健康问题的高度关注及其信息处理能力的有限性，往往成为这些不正当营销手段的主要受害者，从而表现出较高的脆弱性和从众行为。

保健品行业的营销策略多样且复杂，其中，信息轰炸式营销和情感绑架式营销尤为显著。信息轰炸式营销通过密集传播广告和信息，试图占据消费者的认知空间，使其在大量信息面前难以做出理性选择，最终依赖于商家提供的简化信息来进行购买决策。情感绑架是指厂商通过免费体验、上门服务、定期走访等方式，先与消费者建立情感联结（如上门服务、定期走访），而后再逐渐向其推销产品，使消费者迫于情感压力（如"不好意思拒绝"）而做出购买决策。这两种营销方式不仅挑战了消费者的理性判断，还可能严重损害其整体福祉，尤其当消费者无法准确评估这些信息时，负面影响更为突出。

在此背景下，研究消费者在保健品营销情境下的脆弱性及其从众行为具有重要的理论与实践意义。

首先，本研究旨在探讨消费者脆弱性如何影响其从众行为，试图从新的视角理解保健品市场中的消费者决策过程。消费者脆弱性不仅是对外部刺激的被动反应，更是其内在特质与外部环境交互作用的产物。因此，深入研究在特定营销情境下消费者脆弱性如何被激发，以及如何导致从众行为，能够揭示保健品行业中的关键决策机制。

其次，本研究将消费者脆弱性概念引入保健品消费领域，深入分析不同营销手段对消费者的影响机制。这不仅为保健品消费领域增加了实证证据，也为政策制定者提供了理论依据，有助于制定更有效的消费者保护政策。此外，研究结果还可以为保健品企业提供实践指导，帮助其在市场推广中遵循更为合理和道德的营销策略，从而在保护消费者利益的同时，提升企业的品牌形象和市场竞争力。

最后，随着保健品市场的持续扩大和消费者对健康产品需求的增加，如何在营销过程中平衡信息传递与消费者保护的问题变得尤为重要。通过探讨信息轰炸和情感绑架等营销手段对消费者从众行为的影响，本研究不仅扩展了消费者行为研究的视野，还为企业和政府在信息时代的营销与监管提供了切实可行的建议。

综上所述，研究保健品行业中的消费者脆弱性和从众行为，不仅对消费者行为理论的发展具有重要的学术价值，还能够为实践中的市场营销和政策制定提供有力支持。本研究主要内容包括以下几个方面：探讨不同营销刺激手段对消费者从众行为的影响；探讨消费者脆弱性的中介作用；探讨年龄在营销刺激对消费者从众行为的影响中的调节作用。这些研究将帮助我们更好地理解在竞争激烈的市场环境中，消费者如何在多样化的营销刺激下做出决策，并探索如何通过合理的干预措施更好地保护消费者福祉。

9.2 理论基础与概念模型

9.2.1 营销刺激对从众购买行为的影响

消费者从众行为的研究表明，导致消费者产生从众行为的主要因素包括信息性影响（Informational Influence）和规范性影响（Normative Influence）。信息性影响使个体接受来自群体的事实性证据，而规范性影响则促使个体遵循他人或群体的期望行事。Ross等人（1976）的研究进一步指出，当消费者希望获得他人的认可或避免惩罚，或希望维持与群体的和谐关系时，他们更容易受到规范性影响；而在追求个体价值最大化时，消费者则更倾向于接受来自专家群体的影响，即信息性影响。

在保健品市场中，信息轰炸式营销通常通过密集传播专家讲座或健康建议，影响消费者的认知，使他们更容易产生信息性从众行为。特别是老年消费者，他们对保健品知识的掌握有限，往往对专家意见高度依赖，因此，在信息轰炸下，更容易接受这些信息并做出从众购买决策。同样，当消费者在购买过程中受到销售人员的热情服务和关怀时，为了维持这段关系，老年消费者更容易产生规范性从众行为，接受推销的产品。基于此，本研究提出以下假设：

H1a：单独的信息轰炸，相较于单独的情感绑架，会导致更高程度的信息性从众。

H1b：单独的情感绑架，相较于单独的信息轰炸，会导致更高程度的规范性从众。

9.2.2 消费者脆弱性的中介效应

在营销研究中，消费者脆弱性尚未得到广泛关注，但已有的研究表明，消费者脆弱性既可以是一个个体特质，也可以是一种由外部环境引发的状态。Baker等（2005）将其定义为消费者在市场互动中，由于失衡而难以抵御外部刺激，最终导致其做出不利决策的一种状态。

本研究认为，消费者脆弱性在保健品营销情境中表现为两种类型：无知型脆弱（Knowledge-Based-Vulnerability）和无力型脆弱（Powerlessness-Based-Vulnerability）。无知型脆弱是指由于认知能力或知识（如产品知识）有限，导致消费者无法辨别备选方案的好坏，从而导致次优的决策；无力型脆弱是指由于外在因素如社会压力、情感压力等的影响，消费者无法选择最好的方案。当消费者面临信息轰炸时，他们没有足够的认知资源或产品相关知识，或者缺少认知能力，因而无法分辨信息的好坏及真伪，进而更可能利用商家宣传的信息进行决策，即产生信息性从众。当消费者面临情感绑架时，他们会受到来自销售人员的压力及自身情感上的压力，他们可能知道自己并不需要销售人员推销的产品，但是为了缓解自身的压力，维持良好的关系，他们还是会做出购买行为，即产生规范性从众。基于此，本研究提出以下假设：

H2a：信息轰炸对信息性从众的正向影响受到无知型脆弱的中介。

H2b：情感绑架对规范性从众的正向影响受到无力型脆弱的中介。

9.2.3 年龄的调节作用

年龄是影响消费者脆弱性的重要因素之一。以往关于老龄化和认知损伤的研究发现，年龄差异对任务绩效的影响不同。Lee 和 Soberon-Ferrer（1997）关于消费者对欺诈的脆弱性的研究结论表明，即使考虑知识和经验的影响，年龄对消费者脆弱性的影响依然显著。此外，随着年龄的增长，消费者的社会权力会由于退休、生理能力、认知能力等原因逐渐降低，这使得年老的消费者为了获取社会认同及情感上的支持，更容易成为营销欺诈的受害者。鉴于此，我们认为，对于社会关系较少的老年消费者来说，实现产品效用最大化并不是他们的购买目标，他们更愿意从销售人员处获取情感支持和社会认同。而对于年轻消费者来说，他们拥有较多的社会资源，因此对情感绑架这一营销刺激相比老年消费者，敏感程度更低。因此，老年消费者在面对情感绑架时，更容易因为寻求情感支持和社会认同而表现出较高的脆弱性。而相对年轻的消费者，虽然认知能力可能较强，但由于知识和经验的局限性，他们在信息轰炸时容易表现出较高的脆弱性。基于此，本研究提出以下假设：

H3a：对于老年消费者，情感绑架对消费者脆弱性的影响大于信息轰炸的影响。

H3b：对于年轻消费者，信息轰炸对消费者脆弱性的影响大于情感绑架的影响。

研究模型如图 9-1 所示。

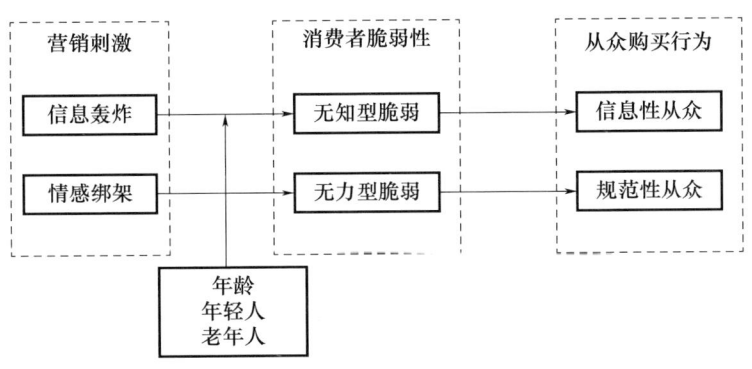

图 9-1　研究模型图——保健品行业

9.3　预实验

为了验证本节提出的假设以及研究模型，本研究运用实验法通过问卷调查的形式对其进行逐步验证。首先，通过实验验证不同营销刺激（信息轰炸 vs 情感绑架）对消费者从众行为的影响；其次，验证消费者脆弱性的中介作用；最后，验证年龄的调节作用。在开展正式实验之前，本研究首先进行了预实验，目的是确定具体的实验材料，通过不同产品类型的检验，确保研究结论具有普适性。

9.3.1 实验产品选择

首先是对具体实验产品的确定。根据本研究的研究背景——保健品行业，所以产品大类已经确定为各类保健品。通过访谈所得总结出保健品行业中六类比较常见的产品类型：传统食品型（如保健酒等）、药品剂型（如胶囊制剂）、磁疗手镯/项链、激光手表、保健床/椅、红外理疗仪。

产品选择的前测通过网络平台进行，主要针对上述六类产品，让参与者对熟悉程度和关注程度进行打分，有 20 位被试参与了本次测试，具体结果如图 9-2、图 9-3 所示。

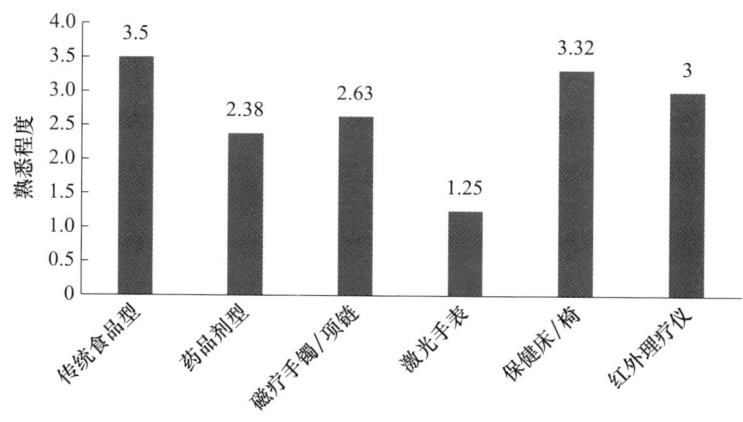

图 9-2 产品熟悉程度评分

根据前测结果，综合六种产品在熟悉程度和关注程度两个层面上的结果，最终本节选择熟悉程度和关注程度都较高的两类产品：保健床/椅和传统食品型保健品。为了让实验更贴近真实的消费情境，本研究采用了三种具体的保健产品：传统食品型保健品中的人参饮品和蜂胶，以及保健床。

9.3.2 实验材料设计及前测

确定好实验产品后，本研究采用图文的方式呈现真实的保健品消费情境。刺激材料缺乏前人研究的参考，因此，本研究对多家销售本实验产品的保健品商家进行了实地考察，并借鉴其发送的宣传图册或宣传图片，设计了本研

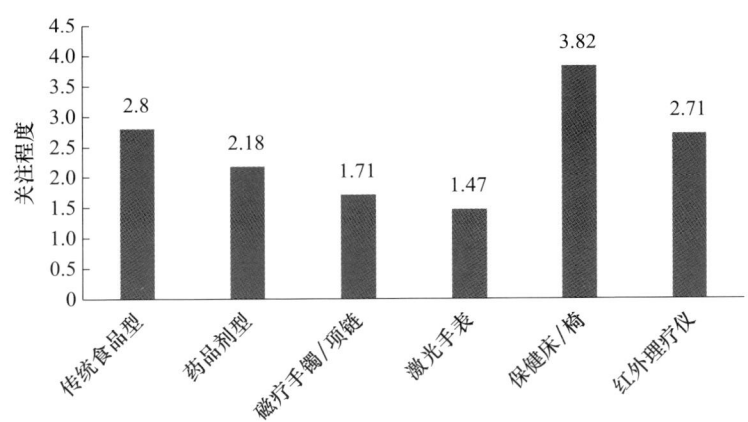

图 9-3 产品关注程度评分

究的实验材料。除了设计研究中情感绑架和信息轰炸两种不同的刺激材料之外，为了证明上述两种刺激材料是成功的，本研究还设计了对照组，通过对比证实实验刺激材料的可行性。在实验材料设计过程中严格遵循以下原则：①确保研究目的实现，严格控制其他属性变量的影响，在对照组的基础上，仅对实验中两种不同的刺激成分进行区别，而其他部分均与对照组没有差异，包括文字内容、大小和位置及图片大小和位置等；②为了更大程度地提高实验刺激材料的真实性，三组实验材料均采用彩色图片呈现（包括对照组），通过对照组的对比，色彩带来的影响可以排除；③对于实验刺激材料中所涉及的品牌，均采用虚拟品牌名称和标识，以此来控制消费者原有品牌体验和知识等干扰变量的影响。

利用设计好的实验刺激材料展开前测。采用单因素（营销刺激：情感绑架 vs. 信息轰炸 vs. 对照组）组间设计的方法，每组除实验刺激材料不同，被试回答的问题均相同，操纵检验既包括对情感绑架式的检测问项也包括对信息轰炸式的检测问项，以此对比检验不同实验刺激材料的可行性。前测通过网络调查平台展开，共有 90 位被试参加，参与的被试被随机分配到其中一组，阅读完实验刺激材料后对后续问题进行评价打分。所有问项采用李克特 7 点计分法（1=非常不赞同，7=非常赞同）。对所收集的数据进行独立样本 T 检验，结果表明，情感绑架组对情感的感知评价显著高于对照组的被试（$n=30$，$M_{情感绑架}=9.2353$，$M_{对照组}=4.1389$，$p<0.05$），而对信息的感知评价无差异（$n=30$，$M_{情感绑架}=4.2368$，$M_{对照组}=4.4444$，$p>0.05$）；信息轰炸组对信息的感知评价显著高于对照组的被试（$n=30$，$M_{信息轰炸}=9.7879$，$M_{对照组}=$

4.4444，$p<0.05$），而对情感的感知评价无差异（$n=30$，$M_{信息轰炸}=4.3636$，$M_{对照组}=4.1389$，$p>0.05$）。综上所述，在情感绑架组的实验材料刺激下，被试对于情感的感知和对照组相比差异显著，而对信息的感知没有显著差异。在信息轰炸组的实验材料刺激下，被试对于信息的感知和对照组相比有显著差异，而对情感的感知没有显著差异。这证实两种营销刺激手段的实验刺激材料操纵是成功的。

9.4 实验1

实验1的主要目的是探索不同营销刺激手段对老年人从众行为的影响，即验证假设H1。本实验采用经预实验确定的人参饮品为实验产品，实验刺激材料选择经预实验检验过的信息轰炸型或情感绑架型宣传材料，以此反映真实的消费情境，同时尽可能排除其他情境因素的干扰。

9.4.1 实验设计与方法

本实验采用单因素（营销刺激：信息轰炸 vs. 情感绑架）组间设计。实验在线下各社区老年人活动室附近完成。选择这一地点原因有二：一是群体数量较大且比较集中；二是此处的被试有足够的时间和精力来完成调查。

首先，询问被试是否愿意参加调查，同意后让被试观看人参饮品的图文宣传资料。为了隐藏真实的实验目的，同一社区内的被试均使用相同的实验刺激材料（随机选择信息轰炸型或情感绑架型），以免被试观察到两组不同的实验材料。同时为了保证问卷数据真实可靠，所有图文刺激材料均统一使用iPad进行展示，让被试拥有充足的时间仔细、认真阅读实验材料，以保证实验材料操纵成功。

其次，待被试阅览完毕宣传资料，让被试回答关于消费者从众行为的测量量表。该量表采用林升栋（2006）改编自Bearden等人（1989）开发的人际影响敏感度量表，该量表已经证实在中国消费者身上完全适用。问项的测量使用7点李克特量表，被试报告自身的不同类型从众行为倾向，其中1表示"十分不可能"，7表示"十分可能"。

最后，被试填写了人口统计信息，包括性别、年龄。

9.4.2 实验结果与讨论

参与该实验的被试共66名，其中，男性32名，女性34名，所有被试年

9 概念模型检验——保健品行业

龄都在 40 岁以上，样本的描述信息见表 9-1。

表 9-1 实验 1 人口统计特征分布概况（N=66）

人口统计变量	内容	分布情况（%）
性别	男	48.48
	女	51.52
年龄	41～50 岁	27.27
	51～60 岁	57.58
	60 岁以上	15.15

采用内部一致性系数对涉及的从众行为测量量表进行信度检验。运用 SPSS 19.0 软件进行数据分析，结果显示该测量量表的 α 系数为 0.769，大于 0.7，说明量表的信度良好。

利用收集到的数据对从众行为进行独立样本 t 检验，结果表明，两组被试（信息轰炸 vs. 情感绑架）在从众行为上表现不同。如图 9-4 所示，信息轰炸与情感绑架相比，会导致更高的信息性从众倾向（$M_{信息轰炸}=5.35$，$M_{情感绑架}=3.82$，$p<0.05$），假设 1a 得到验证；如图 9-5 所示，情感绑架与信息轰炸相比，会导致更高的规范性从众倾向（$M_{情感绑架}=4.20$，$M_{信息轰炸}=2.77$，$p<0.05$），假设 1b 得到验证。上述结果说明，保健品的营销刺激方式对老年人的从众行为类型影响显著，主效应即假设 H1 得到验证。

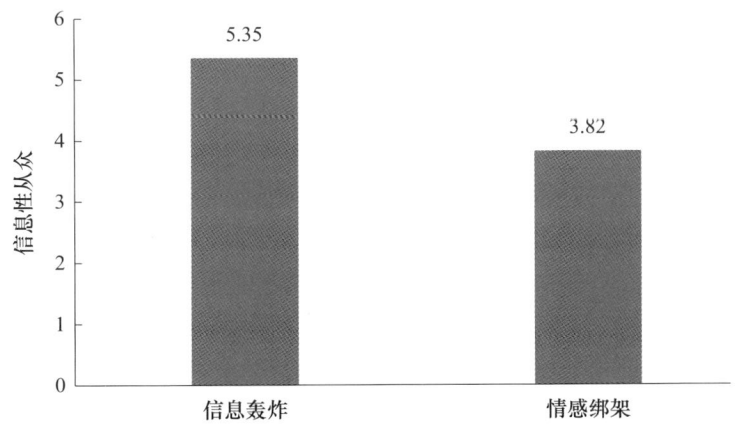

图 9-4 信息性从众倾向

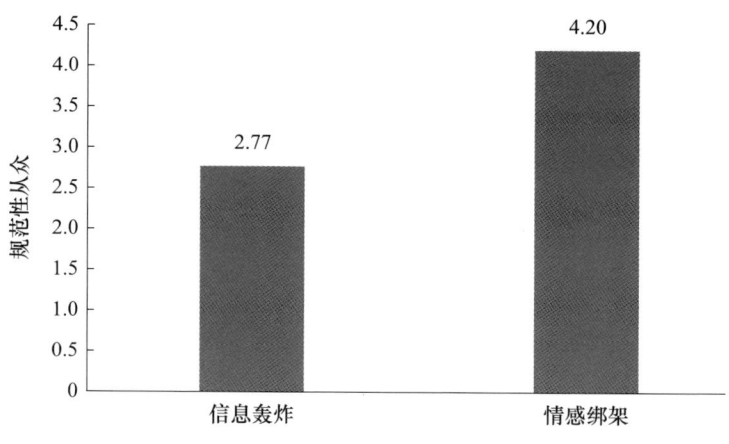

图 9-5　规范性从众倾向

9.5　实验 2

实验 2 旨在验证不同类型的脆弱性在不同营销刺激手段对消费者从众行为影响中的中介作用，即验证假设 H2a 和 H2b。本实验采用经预实验确定的传统食品型保健品蜂胶为实验产品，实验刺激材料是预实验检验过的信息轰炸型或情感绑架型宣传材料。

9.5.1　实验设计与方法

本实验采用单因素（营销刺激：信息轰炸 vs. 情感绑架）组间设计。实验步骤与实验 1 基本相同。首先，让被试观看蜂胶的产品图文宣传资料（信息轰炸或情感绑架），阅览完毕后，让被试回答关于消费者从众行为和消费者脆弱性的测量量表。对于消费者脆弱性的测量，本研究采用的是国内学者石华瑀（2017）开发的具有普适性的消费者脆弱性测量量表中产品宣传、营销及情绪压力、社会压力和辨别能力四个维度的问项。问项的测量使用 7 点李克特量表，被试报告对消费者脆弱性相关观点的认同程度，其中 1 表示"十分不赞同"，7 表示"十分赞同"。最后，请被试填写性别、年龄人口统计信息。

9.5.2　实验结果与讨论

参与该实验的被试共 132 名，其中，男性 69 名，女性 63 名，所有被试年龄都在 40 岁以上，样本的具体描述信息见表 9-2。

表 9-2 实验 2 人口统计特征分布概况（N=132）

人口统计变量	内容	分布情况（%）
性别	男	52.27
	女	47.73
年龄	41～50 岁	26.52
	51～60 岁	55.30
	60 岁以上	18.18

首先，运用 SPSS 19.0 软件，选取内部一致性系数来检验测量量表的信度。结果显示所有量表的 α 系数均大于 0.7，说明量表的信度良好（表 9-3）。

表 9-3 变量测量量表信度分析（实验 2）

测量量表	α
消费者脆弱性	0.883
从众行为	0.735

其次，对营销刺激进行虚拟变量编码（1=信息轰炸，2=情感绑架）。采用回归分析分别检验不同类别的消费者脆弱性即无知型脆弱和无力型脆弱的中介作用。具体结果见表 9-4、表 9-5。

表 9-4 无知型脆弱中介作用回归分析结果

变量	模型 1 信息性从众		模型 2 无知型脆弱		模型 3 信息性从众	
	β	Sig.	β	Sig.	β	Sig.
营销刺激	−3.039	0.000	−8.049	0.000	−0.927	0.011
无知型脆弱					0.262	0.000
F 统计量	123.706		200.945		116.389	
Sig	0.000		0.000		0.000	
ΔR^2	0.469		0.590		0.624	

根据表 9-4 的分析结果可以发现，模型 1 中，将营销刺激作为自变量，信息性从众行为作为因变量，$\Delta R^2=0.469$，$F=123.706$，回归效果显著（$\beta=-3.039$，sig=0.000）；模型 2 中，营销刺激作为自变量，无知型脆弱作为因变量，$\Delta R^2=0.590$，$F=200.945$，回归效果显著（$\beta=-8.049$，sig=0.000）；模型 3 中，把营销刺激与无知型脆弱同时作为自变量，信息性从众

行为作为因变量,得到 $\Delta R^2=0.624$,$F=116.389$,营销刺激对信息性从众行为的影响显著($\beta=-0.927$,sig$=0.011$),无知型脆弱对信息性从众行为的影响显著($\beta=0.262$,sig$=0.000$),这说明无知型脆弱在信息轰炸与信息性从众行为之间起到部分中介作用,部分中介占比为 69.50%,验证了假设 H2a。

表 9-5 无力型脆弱中介作用回归分析结果

变量	模型 4 规范性从众		模型 5 无力型脆弱		模型 6 规范性从众	
	β	Sig.	β	Sig.	β	Sig.
营销刺激	4.295	0.000	6.014	0.000	2.130	0.000
无力型脆弱					0.360	0.000
F 统计量	79.901		117.078		62.344	
Sig	0.000		0.000		0.000	
ΔR^2	0.362		0.455		0.469	

根据表 9-5 的分析结果可以发现,模型 4 中,将营销刺激作为自变量,规范性从众行为作为因变量,$\Delta R^2=0.362$,$F=79.901$,回归效果显著($\beta=4.295$,sig$=0.000$);模型 5 中,营销刺激作为自变量,无力型脆弱作为因变量,$\Delta R^2=0.455$,$F=117.078$,回归效果显著($\beta=6.014$,sig$=0.000$);模型 6 中,把营销刺激与无力型脆弱同时作为自变量,规范性从众行为作为因变量,得到 $\Delta R^2=0.469$,$F=62.344$,营销刺激对规范性从众行为的影响显著($\beta=2.130$,sig$=0.000$),无力型脆弱对信息性从众行为的影响显著($\beta=0.360$,sig$=0.000$),这说明无力型脆弱在情感绑架与规范性从众行为之间起到部分中介作用,部分中介占比为 50.40%,假设 H2b 通过检验。

9.6 实验 3

实验 3 旨在验证年龄对营销刺激手段与消费者脆弱性之间的关系的调节作用,即验证假设 H3a 和 H3b。为了确保实验 1 和实验 2 结论的外部效度,本实验采用经预实验确定的另一类保健品即保健床为实验产品,实验刺激材料是预实验检验过的信息轰炸型或情感绑架型宣传材料。同时,为了检验年龄的调节作用,本实验采用线上网络平台展开调查,增加了样本中年轻人的比例。

9.6.1 实验设计与方法

实验3采用2（营销刺激：信息轰炸 vs. 情感绑架）×2（年龄：青年人 vs. 老年人）组间设计。40岁以下的被试被划分为青年人组，40岁以上的被试被划分为老年人组，不同年龄组的被试被随机分配到营销刺激手段的其中一组。实验3与实验2的实验步骤大致相同。

首先，划分被试年龄所属组别，接着让被试随机观看保健床的产品图文宣传资料（信息轰炸或情感绑架）。其次，待被试阅览完毕后，让被试回答关于消费者脆弱性和从众意愿的测量量表。最后，被试填写性别、年龄段人口统计信息。

9.6.2 实验结果与讨论

参与该实验的被试共140名，其中，男性72名，女性68名，样本的具体描述信息见表9-6。

表9-6 实验3人口统计特征分布概况（N=140）

人口统计变量	内容	分布情况（%）
性别	男	50.38
	女	49.62
年龄	21～30岁	33.33
	31～40岁	16.67
	41～50岁	9.09
	51～60岁	34.09
	60岁以上	6.82

对测量量表的信度进行检验，结果显示所有量表的 α 系数均大于0.7，说明量表的信度良好（表9-7）。

表9-7 变量测量量表信度分析（实验3）

测量量表	α
消费者脆弱性	0.888
从众意愿	0.748

通过有中介的调节模型对年龄的调节效应进行检验，具体结果见表9-8。

表 9-8 有中介的调节回归检验结果

变量	模型 7 从众意愿		模型 8 消费者脆弱性		模型 9 从众意愿	
	β	Sig.	β	Sig.	β	Sig.
营销刺激	3.289	0.000	5.631	0.000	3.708	0.000
年龄	−0.738	0.162	−2.067	0.124	−0.892	0.090
营销刺激 * 年龄	10.450	0.000	−43.090	0.000	7.245	0.000
消费者脆弱性					−0.074	0.027
F	47.205		92.934		37.692	
Sig	0.000		0.000		0.000	
ΔR^2	0.512		0.674		0.529	

表 9-8 的分析结果表明，模型 7 中，消费者从众意愿对营销刺激、年龄以及营销刺激和年龄的交互项做回归时，营销刺激和年龄的交互项系数显著（$\beta=10.450$，sig=0.000）；模型 8 中，消费者脆弱性对营销刺激、年龄及营销刺激和年龄的交互项做回归时，营销刺激和年龄的交互项系数显著（$\beta=-43.090$，sig=0.000）；模型 9 中，消费者从众意愿对营销刺激、年龄、营销刺激和年龄的交互项及消费者脆弱性做回归时，营销刺激和年龄的交互项系数显著（$\beta=7.245$，sig=0.000），消费者脆弱性的系数显著（$\beta=-0.074$，sig=0.027）。以上结果说明各变量之间的关系符合有中介的调节，即此时，年龄在模型中起到了调节作用。

图 9-6 展示了不同年龄组的消费者在不同类型的营销刺激下，其消费者脆弱性的结果。对于老年人来说，情感绑架式的营销刺激更容易导致消费者脆弱性；而对于青年人来说，信息轰炸式的营销刺激更容易导致消费者脆弱性。假设 H3a 和 H3b 得到验证。

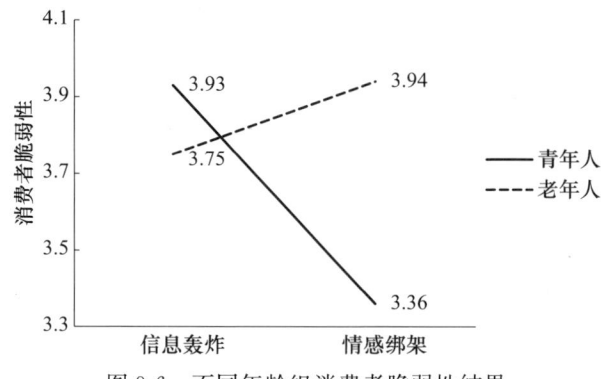

图 9-6 不同年龄组消费者脆弱性结果

9.7 本章小结

本章基于消费者脆弱性测量量表,针对保健品行业中的信息轰炸式营销和情感绑架式营销两种典型营销手段,深入探讨了它们对消费者从众行为的影响机制,并分析了消费者脆弱性的中介作用及年龄的调节效应。通过实验研究,本章验证了以下结论:首先,不同的营销手段会显著影响消费者的从众行为类型。信息轰炸主要通过增强消费者的认知负担,诱发无知型脆弱,进而促使消费者产生信息性从众行为;情感绑架则通过情感施压,引发无力型脆弱,导致消费者表现出规范性从众行为。其次,消费者脆弱性在营销手段与从众行为之间起到部分中介作用,这表明消费者在面对不同营销刺激时,其脆弱性特征会影响其决策偏好和行为表现。此外,研究进一步发现,年龄在营销手段与消费者脆弱性之间的关系中具有显著的调节效应:相比年轻消费者,老年消费者在面对情感绑架式营销时更容易表现出无力型脆弱,而年轻消费者在面对信息轰炸式营销时则更易表现出无知型脆弱。以上研究结果不仅验证了消费者脆弱性在保健品营销情境中的作用机制,也为政策制定者和企业管理者提供了实践指导,帮助其在保护消费者利益与提升市场竞争力之间找到平衡。本章的研究为理解保健品行业中的消费者行为提供了新的视角,并为后续研究奠定了基础。

10　概念模型检验——一般消费情境

应用前文开发的消费者脆弱性测量量表,本章以评价线索呈现方式作为具体的营销刺激手段,检验其对代表消费者福利水平的决策舒适度这一指标的影响。首先,本章将介绍具体的研究问题并指出研究意义。其次,介绍具体的概念模型并提出研究假设。最后,通过2个实验验证可评价性的调节效应及消费者脆弱性的中介效应。

10.1　研究背景和研究意义

随着市场竞争的日益激烈,厂商不得不利用一切手段留住已有消费者同时吸引更多的潜在消费者。比较广告(Comparative Ads),原本为了帮助消费者更好地进行抉择,在美国,不仅得到了政府的鼓励与支持,也得到了学者们的广泛关注。研究发现,商家利用各种比较手段,如直接比较、间接比较、部分比较等,提高产品的吸引力和消费者的购买意愿。然而,也有研究指出,比较线索容易让消费者产生错误推断从而对产品本身造成误解,欺诈广告中也常用比较线索暗示优越性进而误导消费者。2015年9月,中国开始实施新的《广告法》,禁止商家在商品推广中使用极限词语。针对新的严格准则和规范,商家们开始利用一切可以表示最好品质的线索来抢夺消费者的目光,其中,不仅比较线索顺势成为有力武器,评价线索(Evaluative Cues)也开始受到关注。

为了更好地保护消费者福利不受损害,近年来,学者们对消费者脆弱性展开了一系列研究。有些学者认为消费者脆弱性是一种个体特质,其与人口统计变量、个体能力等息息相关。Baker等(2005)则将其视为一种状态,并指出这种状态源于市场互动的失衡。本书已指出,消费者脆弱性在本质上是消费者比较稳定的个体特质,是指消费者在消费情境中难以抵御或承受外在刺激和诱惑,进而做出有损自身福利的决策的倾向。但是在具体的营销情境中(如电话营销),这一概念也能反映个体受到外在刺激所表现出来的暂时的脆弱程度,也就是说,脆弱性特质低的消费者也可能在特定刺激的诱发下经历短暂的高脆弱状态。

以往有关比较广告的研究，大多从商家的角度出发，探讨广告的有效性，很少有研究从消费者的角度，探讨这些广告是否真的可以帮助消费者更快、更轻松地制定决策，或者说，是否提高了决策舒适度（Decision Comfort）。而且，比较线索作为一种直接的外在刺激，其对消费者脆弱性的影响也有待深入研究。此外，目前的研究情境主要限于有无比较对象及备选方案之间的比较，但在实际购买过程中，消费者也会遇到没有比较对象或者备选方案，只需对某一特定产品做出判断，或只能依赖某些评价线索进行决策的情况。因此，本研究拟从消费者脆弱性的视角出发，进一步探讨非比较情境下（即单一产品或唯一方案）评价线索的不同呈现方式（比较或非比较）对决策舒适度的影响。

本研究的理论贡献主要在于：①将消费者脆弱性引入消费者行为领域，基于消费者脆弱性解释评价线索对决策的内在影响机制，为后续研究开辟新的视角；②利用决策舒适度来反映消费者福利情况，拓展决策舒适度的研究范围；③通过细化评价线索的不同呈现方式，确立其对消费者决策产生影响的边界条件。本研究的实践意义主要体现在，厂商可以根据研究结论指导其今后的产品推广，政府部门也可以将其作为监管工作的依据。

10.2 理论基础与概念模型

在消费者福利研究领域，学者们大多用失望、后悔等负面指标来反映福利受损的情况，也有学者关注其他正向指标，如幸福感对消费者福利的影响。然而，这些指标仅仅是消费者对决策结果的评价，只能反映出决策结果确认后消费者福利的变化，而对于决策过程中决策困难程度、满意度等评价指标对福利的影响，却无从得知。Parker等（2016）针对这一问题，在研究中提出了决策舒适度的概念。他们认为，决策舒适度是针对一个具体的决策，消费者感知到的心理（和生理）上的轻松、满足、幸福的程度。不同于其他决策后结果前（Post-Decision/Pre-Outcome）阶段内的指标，如决策信心，决策舒适度是一种偏正向的情感，其对与情感或情绪相关的因素更敏感，而对客观的、影响实际判断的因素不那么敏感，并且相比决策信息，决策舒适度对局部比较（Local Comparisons）的依赖较小，即不太会考虑未选择的选项。因此，本书认为，决策舒适度不仅可以用来评价决策过程，还可以用来反映决策阶段消费者福利的变化情况，尤其是情感上的变化。

已有研究指出，评价线索通过提供解释性信息（例如，更健康的选择、高或低卡路里），为消费者提供了"认知捷径"，因而可以帮助消费者更轻松、更快速地做出决策。此外，比较线索早期与评价线索的作用相似，旨在为消费者提供有用的信息帮助其做出更好的决策。然而，越来越多的研究人员和市场实践人员指出，比较广告，特别是直接比较广告（如指出竞争对手品牌）可能会导致负面的印象、态度，甚至消费者怀疑。另外，比较线索在特定情境下也会引发消费者的不同信息处理方式。因此，本节认为，在比较评价情境，消费者可能将面临的线索视为无用进而通过认知捷径依赖现有经验和知识。在这种情况下，决策过程更轻松，决策舒适度更高。当消费者面对非比较评价线索时，他们需要投入一定的认知资源来处理线索，然后再利用它们进行决策。也就是说，这一过程将耗费消费者更多的时间和精力，相比处理比较评价线索，这一过程没么轻松，因而决策舒适度更低。综上，提出以下假设H1：

H1：评价线索的呈现方式会影响决策舒适度，相比于非比较评价线索，比较评价线索会产生更高的决策舒适度。

有关消费者脆弱性的研究结论表明，消费者对广告声明中具有误导性或欺骗性的线索非常敏感，他们很可能根据这些线索进行主观推断和错误推测，最终导致决策失效。有关消费者脆弱性影响因素和结果的研究也指出，消费者脆弱性程度越高，越容易在决策过程中遇到困难，也越容易经历负面的情感体验。本书认为，消费者之所以不满意自己做出的决策，是因为其受到一定强度的外在刺激后，没有能力或资源对刺激信息做出正确评价，从而陷入脆弱状态，最终导致负面情绪的产生。因此，本书推断，消费者脆弱性在评价线索呈现方式与决策舒适度的关系中起到中介作用。具体来说，由于非比较评价线索，相比比较评价线索，在决策过程中对线索本身的依赖性更高，消费者受其影响的可能性更大，而依据这些外在线索做出决策，相比依据自身经验、知识做出决策的困难程度更高，认知负荷更大，消费者对决策结果的不确定性也更高，即更有可能呈现出较高的脆弱性。消费者脆弱性越高，其对决策的信心、满意度就越低，进而感知到的轻松、满足程度也越低，因而决策舒适度越低。鉴于此，本书提出假设H2：

H2：消费者脆弱性中介了线索呈现方式对决策舒适度的影响。相比于比较评价线索，非比较评价线索将导致更高的脆弱性，进而导致更低的决策舒适度。

在实际情境中，商家为了让消费者更好地理解产品属性而提供的评价线索，不一定都能达到帮助消费者轻松、快速做出决策的目的。本书认为，线索的可评价性将调节线索呈现方式对决策舒适度的影响。可评价性指消费者单独对产品的某一属性进行评价的难易程度。线索可评价性高，即易评

(Easy-to-Evaluate)，意味着消费者可以依靠现有信息单独进行判断。线索可评价性低，即难评（Hard-to-Evaluate），意味着在没有额外信息的情况下，消费者无法独立判断线索的含义及价值。已有研究指出，可评价性高低会直接影响消费者的购买意向、选择偏好。关于比较广告的研究结论表明，消费者对比较广告线索的接受程度受到宣传强度的影响，过高的强度可能会让消费者对其产生怀疑。因此，本书认为，当线索易评时，比较的呈现方式相比非比较的呈现方式，宣传强度更高，更容易让消费者对线索产生怀疑等负面情绪，消费者首先会投入更多认知资源来评估信息的可靠性，这类线索因此更有可能在决策过程中给消费者造成困扰，使其呈现出更高的脆弱性，进而导致更低的决策舒适度。当线索难评时，消费者可能因为信息的复杂性而产生启发式思维。相比于非比较评价线索，消费者可能直接相信比较评价线索中的信息。也就是说，当线索难评时，非比较评价线索会耗用更多的认知资源，因此更有可能使消费者认知负荷过高，在决策过程中受阻而呈现出较高的脆弱性，进而导致较低的决策舒适度。综上，本书提出假设H3：

H3：线索可评价性调节了线索呈现方式对消费者脆弱性及决策舒适度的影响。

H3a：当线索易评时，比较评价线索，相比非比较评价线索，会导致更高的脆弱性，进而导致更低的决策舒适度。

H3b：当线索难评时，非比较评价线索，相比比较评价线索，会导致更高的脆弱性，进而导致更低的决策舒适度。

研究模型如图10-1所示。

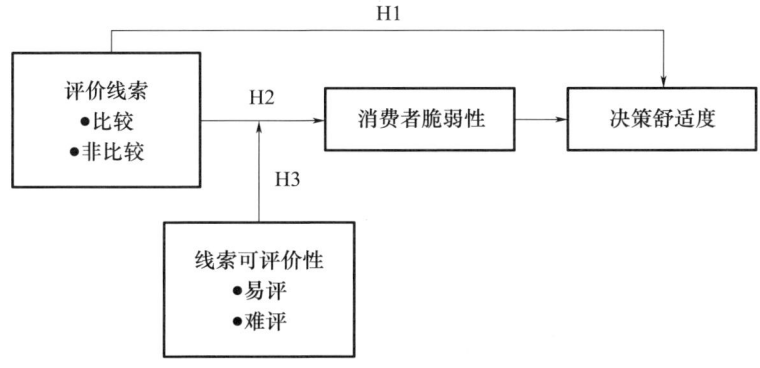

图10-1 研究模型图——一般消费情境

10.3　预实验

10.3.1　实验设计与步骤

首先，通过访谈确定实验产品类型及产品属性。在该阶段，共邀请 15 位受访者参与访谈。访谈内容包括，关注度较高的产品类型及相应的产品属性、决策时关注的产品属性、对生活中特定产品广告语（如"雅迪，更高端的电动车""OPPO R9，拍照更清晰"）的评价等。随后，根据访谈结果，确定实验刺激材料中具体用到的产品及属性。该阶段以问卷调查的方式进行，受访者通过网上样本采集平台招募（招募人数为推荐的 15～20 人之间）。最终有 25 位受访者用 7 分李克特量表对具体产品的熟悉程度和关注程度进行了评价（1＝"完全不熟悉/关注"，7＝"完全熟悉/关注"）。本研究关注的是产品评价线索对消费者决策的影响。因此，为了排除消费者自身产品知识、购物经验等因素的影响，根据上述结果，本研究将选择关注度较高但熟悉度较低的产品类型。在这些类型中选定具体产品后，再次通过网络平台招募受访者，最终有 20 位受访者用 7 分李克特量表对产品属性就关注度进行了评价（1＝"完全不关注"，7＝"完全关注"）。

其次，确定评价线索的操控方式。本研究利用文字对比较和非比较评价线索进行操控，采用 2 组（比较 vs. 非比较）组间设计。为了尽量贴近真实的营销情境，本研究根据上述过程选择的产品及属性，分别设计了不同的平面宣传广告。在非比较评价情境，刺激材料展示了产品图片、基本属性信息及另外三组属性的评价信息。比较情境的刺激材料与非比较情境的刺激材料基本相同，仅在另外三组属性的评价信息中加入了比较部分（"更"），其他内容包括文字和图片的大小、位置、颜色等都完全相同。此外，实验中涉及的品牌，均采用虚拟名称，以控制品牌等干扰因素的影响。

最后，评价实验刺激材料的可行性。将受访者随机分为两组，先向其介绍比较性广告的特征及形式，随后以问卷调查的方式，让其用 7 分李克特量表分别对材料中的比较性（"您认为上述广告评价中暗含着比较成分"和"您认为上述广告评价中没有比较成分"）（参照 Barone 和 Miniard 的研究）、喜爱程度等进行评价。

10.3.2　实验结果与讨论

深度访谈阶段提及的产品类型主要有 7 种：食品、服装、保健品、电子产品、美妆个护、汽车及理财产品。对这些产品类型关注度及熟悉度的评价结果如图10-2、图10-3所示。

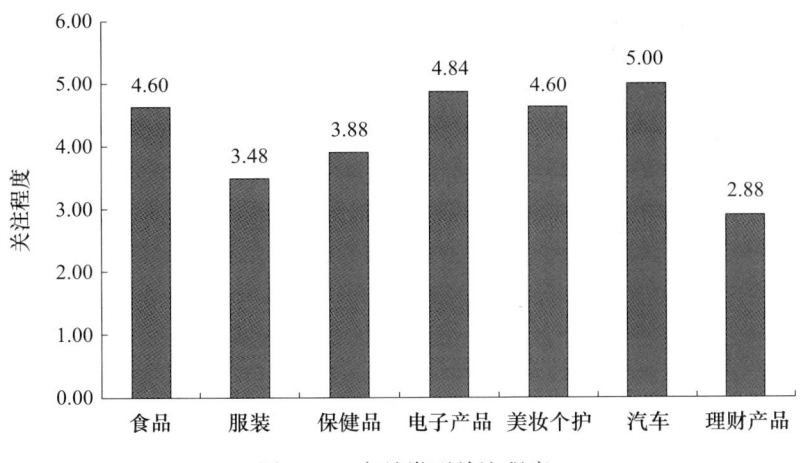

图10-2 产品类型关注程度

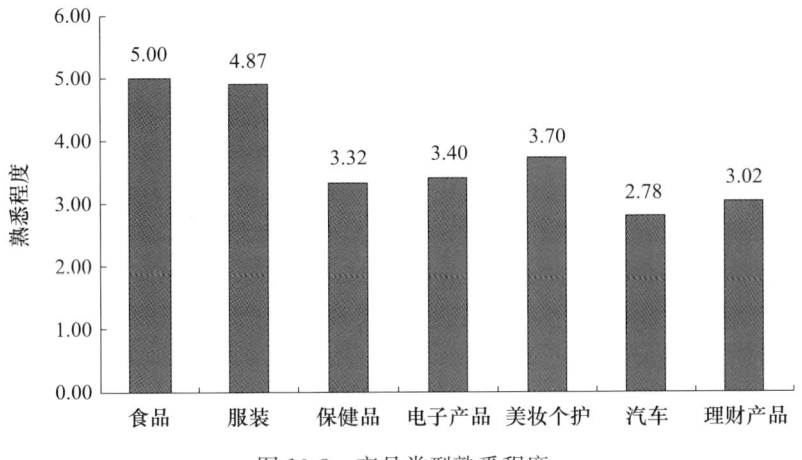

图10-3 产品类型熟悉程度

根据上述结果，选择关注度较高但熟悉度较低的产品类型，综合考虑访谈结果，进一步确定具体的实验产品（护肤品和耳机）并对相关属性关注度进行评价，图10-4、图10-5分别列出了每种产品关注度较高的属性。

本研究在某高校图书馆随机招募了30位受访者对刺激材料进行评价（参照邬适融等的研究）。对得到的数据进行独立样本t检验。结果（图10-6）表明，比较评价线索包含的比较成分显著高于非比较成分（$M_{比较}=4.80$，$M_{非比较}=3.53$，$p<0.05$），非比较评价线索包含的非比较成分显著高于比较成分（$M_{非比较}=5.00$，$M_{比较}=3.07$，$p<0.05$）。这说明采用本研究设计的刺激材料对评价线索呈现方式（比较 vs. 非比较）进行操控是可行的。

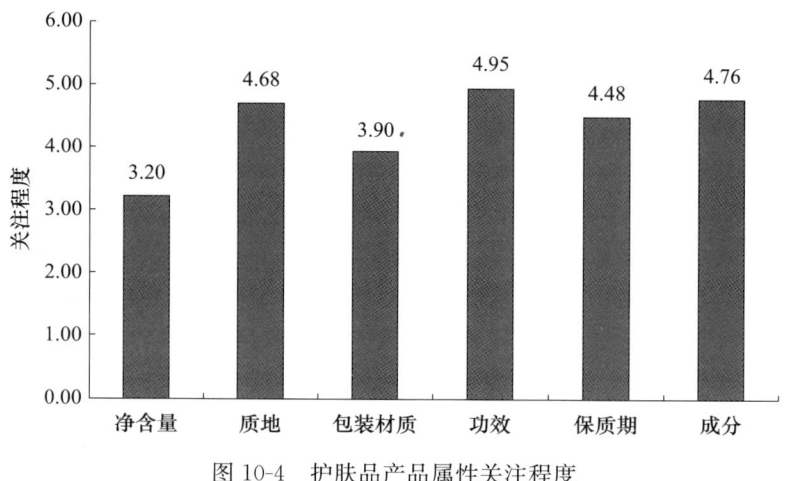

图 10-4　护肤品产品属性关注程度

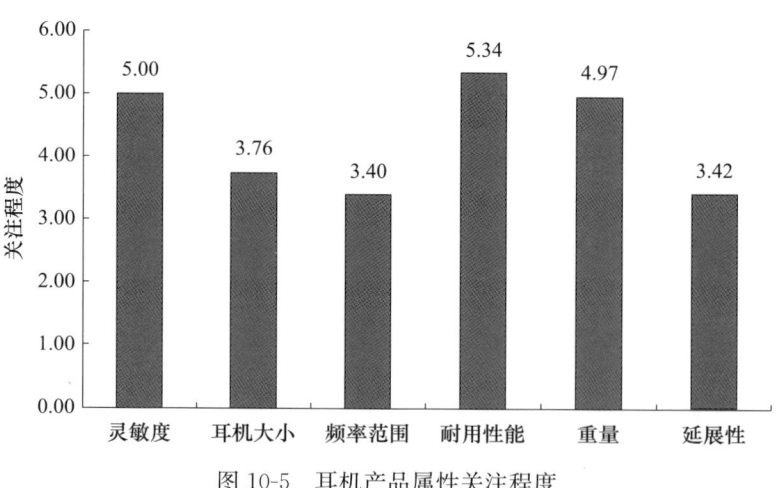

图 10-5　耳机产品属性关注程度

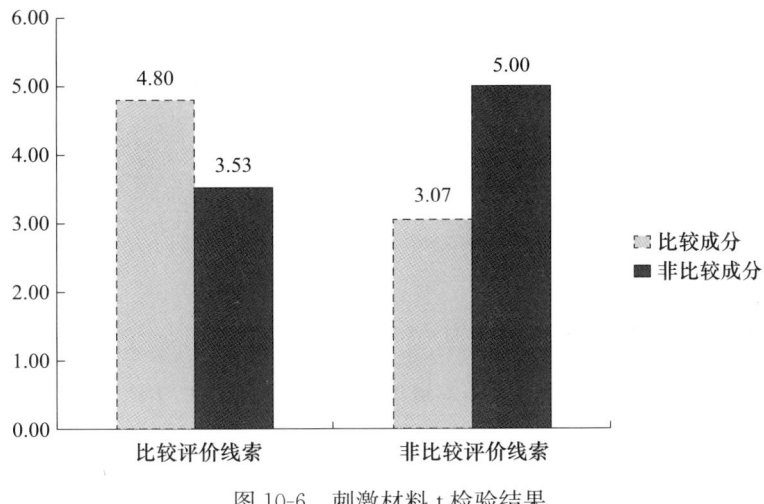

图 10-6　刺激材料 t 检验结果

10.4　实验 1

实验 1 的主要目的是探索线索的呈现方式对决策舒适度的影响及其内在机制，即验证假设 H1 和 H2。本研究想确定是否比较评价线索相比非比较评价线索会提高决策舒适度，以及脆弱性在其中起到的中介作用。本实验采用经预实验确定的护肤品作为实验材料，同时给定的实验情境是护肤品广告宣传。这样做一是可以较真实地反映实际广告宣传情境；二是可以尽可能减少其他情境因素（如品牌等）对实验结果的干扰。

10.4.1　实验设计与方法

本实验采用 2 组（比较 vs. 非比较）简单的组间设计，实验参与者为在校学生，他们被随机分配到比较评价线索组与非比较评价线索组。

首先，通过实验材料操控自变量（线索的呈现方式）。让被试阅读如下情境："Dabres 是一家日本的护肤企业，精华液是其旗下最新推出的一款产品，正准备销往中国市场，以下为其产品部分宣传信息。"随后，让被试仔细观看该护肤品的宣传广告。在比较评价线索组，宣传广告中产品属性信息的描述语句包含"更"字，非比较评价线索组的宣传广告不包含"更"字，其他信息内容相同。

其次，测量其他相关变量。被试阅读完情境及宣传广告后，用 7 分李克特量表评价对信息的理解程度（1＝"完全不理解"，7＝"完全理解"），然后用 7 分李克特量表评价对消费者脆弱性及决策舒适度测量量表相关问项的同意程度（1＝"完全不同意"，7＝"完全同意"），并对宣传广告的喜爱程度进行评价（1＝"非常不喜欢"，7＝"非常喜欢"）。

最后，填写简单的人口统计信息，包括性别、年龄、教育水平。

10.4.2　实验结果与讨论

参与该实验的被试共 105 名，其中，男性 57 名，女性 48 名，平均年龄为 24.27 岁，样本的描述信息见表 10-1。

表 10-1　实验 1 人口统计特征分布概况（N＝105）

人口统计变量	内容	分布情况（%）
性别	男	54.3
	女	45.7
年龄	18～25	69.5
	26～30	20.0
	31～40	10.5
教育水平	本科生	56.2
	研究生	43.8

首先，采用收集到的数据对量表的信度进行检验，本研究选取内部一致性系数来检验测量量表的信度。运用 SPSS19.0 软件分析，结果显示所有变量的 α 系数均大于 0.7，说明量表的信度良好（表 10-2）。

表 10-2　变量测量量表信度分析（实验 1）

测量量表	α
消费者脆弱性	0.752
决策舒适度	0.798

利用收集到的数据对决策舒适度进行独立样本 t 检验，结果表明，两组（比较 vs. 非比较）被试对决策舒适度的评价有显著差异（$M_{比较}=4.02$，$M_{非比较}=3.38$，$t_{103}=4.297$，$p<0.001$）。如图 10-7 所示，在比较评价线索组，被试的决策舒适度显著高于非比较评价线索组的被试。另外，两组被试对实验中用到的刺激材料，即产品宣传广告的喜爱程度无显著差异（$M_{比较}=3.79$，$M_{非比较}=3.11$，$t_{103}=1.781$，$p=0.078>0.05$），对宣传广告的理解程度也无显著差异（$M_{比较}=4.19$，$M_{非比较}=4.79$，$t_{103}=-1.805$，$p=0.074$

＞0.05），从而排除被试由于对实验刺激材料喜爱程度及理解程度的差异造成决策舒适度差异的影响。上述结果说明，评价线索呈现方式对决策舒适度影响显著，主效应即假设 H1 得到验证。

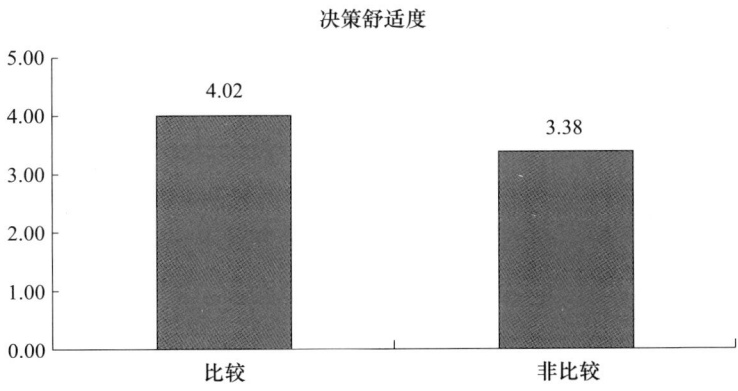

图 10-7　呈现方式对决策舒适度影响结果（实验 1）

为了进一步检验消费者脆弱性的中介作用，本节对得到的数据进行了回归分析，结果见表 10-3。

表 10-3　中介效应回归分析结果（实验 1）

	模型 1 决策舒适度	模型 2 消费者脆弱性	模型 3 决策舒适度
呈现方式			
非标准回归系数（B）	−3.171	4.642	−2.750
B 的标准误	0.738	2.174	0.730
标准回归系数（β）	−0.390	0.206	−0.338
t	−4.297	2.135	−3.766
Sig.	0.000	0.035	0.000
消费者脆弱性	/	/	
非标准回归系数（B）			−0.091
B 的标准误			0.032
标准回归系数（β）			−0.252
t			−2.803
Sig.			0.006

续表

	模型1 决策舒适度	模型2 消费者脆弱性	模型3 决策舒适度
常数（Constant）			
非标准回归系数（B）	23.248	35.358	26.458
B 的标准误	1.170	3.447	1.611
t	19.868	10.258	16.424
Sig.	0.000	0.000	0.000
R^2修正值	0.152	0.033	0.197
因变量预测值的标准误	3.781	11.137	3.661
模型显著水平（Sig.）	0.000	0.035	0.000
N	105	105	105

如表 10-3 所示，首先，线索呈现方式对决策舒适度的影响显著（$\beta = -0.390$，$t_{103} = -4.297$，$p < 0.001$）。其次，评价线索呈现方式对消费者脆弱性影响显著（$\beta = 0.206$，$t_{103} = 2.135$，$p < 0.05$），如图 10-8 所示，非比较评价线索组被试的脆弱程度显著高于比较评价线索组的被试。最后，被试的脆弱程度对其决策舒适度影响显著（$\beta = -0.252$，$t_{103} = -2.803$，$p < 0.05$），消费者脆弱程度越高，决策舒适度越低。上述结果说明消费者脆弱性部分中介了线索呈现方式对决策舒适度的影响，假设 H2 得到验证。

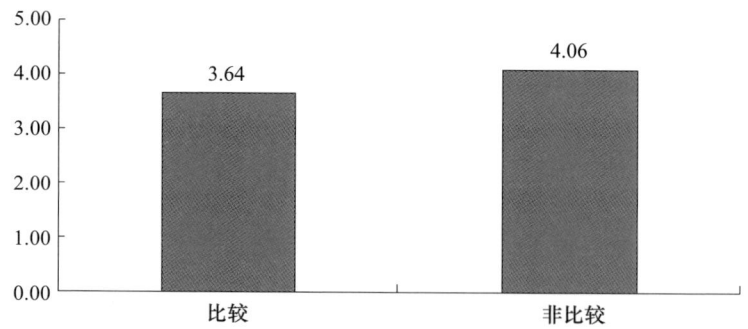

图 10-8 呈现方式对消费者脆弱性影响结果（实验1）

为了进一步确定中介效应值，接下来采用近年来研究人员常用的 Bootstrap 方法对数据进行分析。本节严格按照操作流程，采用简单中介模型进行 Bootstrap 中介变量检验，样本量选择 5000，自变量为呈现方式，因变量为决策舒适度，中介变量为消费者脆弱性，在95%置信区间下中介检验结果（LLCI=−1.2287，ULCI=−0.0147）没有包含0，说明消费者脆弱性的中介效应显著，且为部分中介，其大小为−0.4213（图10-9）。

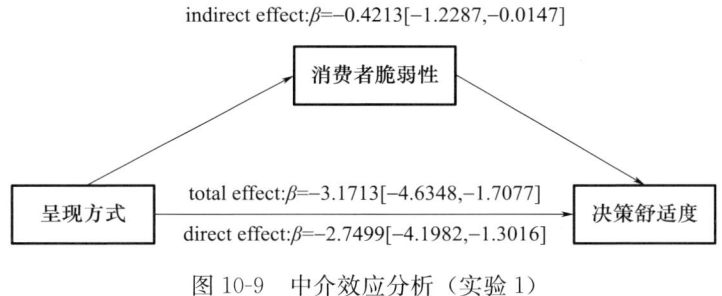

图10-9 中介效应分析（实验1）

实验1的研究结论为假设H1和H2提供了数据支持，但其尚存在一定缺陷。首先，研究人员并未在实验前测量被试对单独的产品属性信息的理解程度，因而实验结果可能是由于产品属性信息本身，而非广告或线索呈现方式造成的影响。另外，护肤品对于大多数人来说，属于较为熟悉的日常消耗品，被试关于该产品类型可能拥有一定的知识或购买经验，决策过程中很可能联想到更多实验刺激材料之外的产品属性信息，也就是说，为了验证实验1结论的稳健性，还需要排除这些干扰因素对结果的影响。

10.5 实验2

实验2的目的是探讨可评价性对线索呈现方式与决策舒适度之间关系的影响，即验证假设H3。为了弥补实验1中的缺陷，同时将实验1的结论推广至其他产品类型，本实验采用预实验提到的熟悉度较低的电子产品（耳机）作为实验材料，并在正式实验前测量了被试对单独产品属性信息的理解程度，该实验给定的情境是耳机广告宣传。

10.5.1 实验设计与步骤

本实验采用2线索呈现方式（比较 vs. 非比较）×2线索可评价性（易评 vs. 难评）的组间设计。实验参与者通过网络样本采集平台招募，实验以问卷调查的形式进行。

线索呈现方式的操控与前两个实验相同。线索可评价性，本实验采用耳机的产品属性进行操控。根据深度访谈及预实验分析结果，消费者对电子产品的关注度较高,但是他们认为电子产品由于科技等原因更新换代较快,其产品信息中包含的专业词汇更多,也更难理解。因此,本实验选定电子产品中耳机这一具体产品,并编制了 6 条相应的产品属性信息,进而邀请受访者对这些属性的可评价性进行评估,最后依据评估结果,将产品属性按得分高低分为易评和难评两组。

确定好实验刺激材料后,将被试随机分为 4 组。在易评情境,被试看到的刺激材料介绍的是耳机的易评属性,包括大小、使用寿命、重量。在难评情境,被试看到的刺激材料介绍的是耳机的难评属性,包括延展性、灵敏度及频率范围。另外,所有刺激材料都以相同方式列出了 4 条基本属性(产品颜色、连接线长、接头类型及额定功率)以使其更贴近真实营销情境。被试阅读完刺激材料后,首先利用 7 分李克特量表评价对刺激材料中信息的理解程度("我能够清晰地理解该耳机的宣传内容""我能够清晰地理解该耳机宣传中提到的这些属性概念")(改编自 Hsee,1996)(1="完全不理解",7="完全理解")。随后完成消费者脆弱性及决策舒适度的相关测量问项(测量问项与实验 1 中采用的问项相同)。最后,请被试根据 7 分李克特量表评价对刺激材料的喜爱程度(1="非常不喜欢",7="非常喜欢"),填写简单的人口统计信息。完成实验的参与者将获得 50 元的酬劳。

10.5.2 实验结果与讨论

正式实验前,本实验邀请了 15 位在校大学生针对耳机的相关属性信息进行评价,难易程度结果如图 10-10 所示。

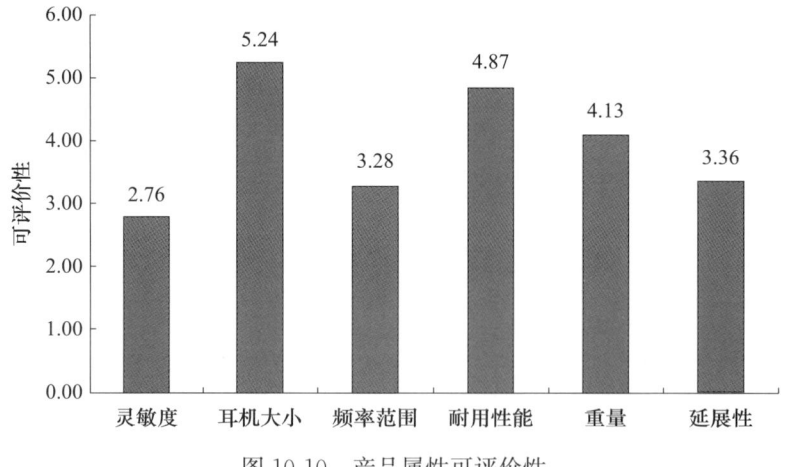

图 10-10 产品属性可评价性

根据上述结果对可评价性进行操纵：易评情境中介绍的产品属性包括耳机大小、耐用性和重量，难评情境中介绍的产品属性包括延展性、频率范围和灵敏度。

本次实验回收有效问卷140份，被试的平均年龄为24.65岁；其中男性72名，女性68名。具体样本描述信息见表10-4。

表10-4 实验2人口统计特征分布概况（N=140）

人口统计变量	内容	分布情况（%）
性别	男	51.4
	女	48.6
年龄	18~25	65.0
	26~30	24.3
	31~40	10.0
	41~50	0.7
教育水平	高中	3.6
	本科	49.3
	研究生及以上	47.1

采用收集到的数据对实验中用到的量表的信度进行检验，与实验1相同，选取内部一致性系数来检验测量量表的信度。结果显示所有变量的 α 系数均大于0.7，说明量表的信度良好（表10-5）。

表10-5 测量问项信度分析结果（实验2）

测量变量	α
消费者脆弱性	0.885
决策舒适度	0.872

为了检验实验操纵是否可行，首先对得到的数据进行独立样本t检验，结果表明，不同可评价程度下被试对刺激材料中广告内容的理解程度有显著差异（$M_{难评}=3.63$，$M_{易评}=4.27$，$t_{138}=-2.381$，$p<0.05$）。如图10-11所示，难评情境下被试对信息的理解程度显著低于易评情境，说明可评价性操纵成功。此外，被试对不同可评价性广告内容的喜爱程度无显著差异（$M_{难评}=3.80$，$M_{易评}=3.57$，$t_{138}=0.917$，$p=0.361>0.05$）。

首先对主效应进行检验，即对线索呈现方式对决策舒适度的影响进行分析。通过独立样本t检验，结果表明两组之间的决策舒适度差异显著（$M_{比较}=4.10$，$M_{非比较}=3.75$，$t_{138}=2.147$，$p<0.05$）。如图10-12所示，看到比较

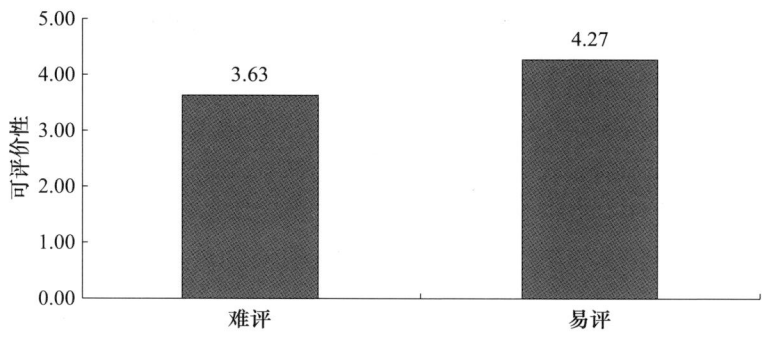

图 10-11 产品属性信息可评价性结果

评价线索的被试，其决策舒适度显著高于看到非比较评价线索的被试。此外，被试对以不同方式呈现出来的刺激材料的喜爱程度无显著差异（$M_{比较}=3.76$，$M_{非比较}=3.61$，$t_{138}=0.572$，$p=0.568>0.05$）。上述结果再次验证了假设 H1。

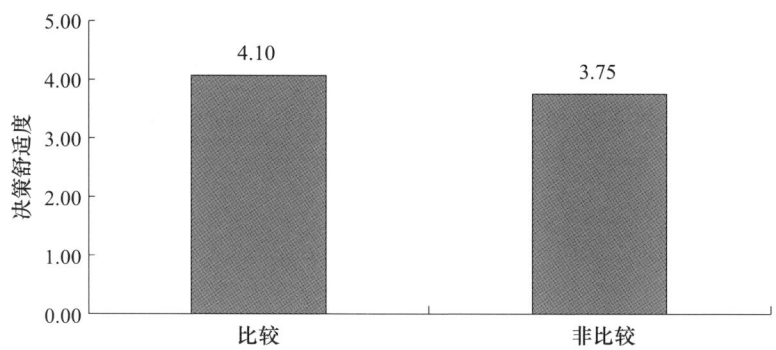

图 10-12 呈现方式对决策舒适度影响结果（实验 2）

利用 Bootstrap 方法采用简单中介模型对得到的数据进行中介检验，样本量选择 5000，自变量为呈现方式，因变量为决策舒适度，中介变量为消费者脆弱性，在 95% 置信区间下中介检验结果（LLCI=−2.5003，ULCI=−0.3238）没有包含 0，说明消费者脆弱性的中介效应显著。另外，直接效应检验结果（LLCI=−1.6228，ULCI=0.8565）包含 0，说明直接效应不显著，即消费者脆弱性完全中介了线索呈现方式对决策舒适度的影响（图 10-13）。假设 H2 再次得到验证。

10 概念模型检验——一般消费情境

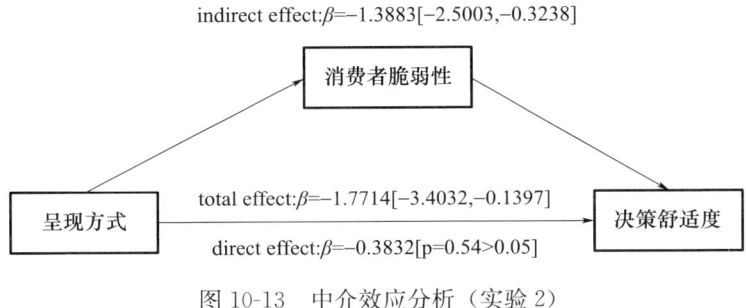

图 10-13 中介效应分析（实验 2）

接下来，对可评价性的调节效应进行检验。通过多因素方差分析（MANOVA），对线索呈现方式与可评价性对决策舒适度影响的检验结果显示调节效应显著 [$F(1, 136) = 164.994$, $p < 0.001$]。如图 10-14 所示，当线索难评时，比较呈现方式下被试的决策舒适度显著高于非比较呈现方式（$M_{比较} = 4.86$，$M_{非比较} = 3.07$，$t(68) = 12.521$，$p < 0.001$）；当线索易评时，非比较呈现方式下被试的决策舒适度显著高于比较呈现方式（$M_{比较} = 3.34$，$M_{非比较} = 4.42$，$t(68) = -6.291$，$p < 0.001$）。

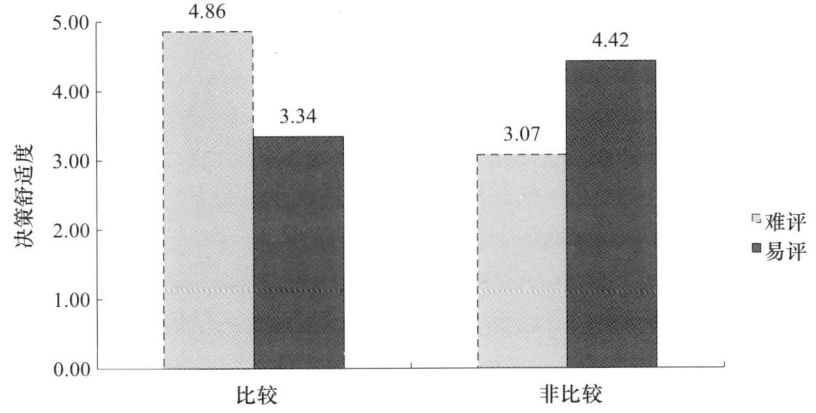

图 10-14 呈现方式与可评价性对决策舒适度影响结果（实验 2）

利用多因素方差分析对线索呈现方式与可评价性对消费者脆弱性影响进行检验，结果显示调节效应显著（$F(1, 136) = 264.946$，$p < 0.001$）。如图 10-15 所示，当线索难评时，被试在比较情境下的脆弱程度显著低于非比较情境（$M_{比较} = 2.72$，$M_{非比较} = 5.20$，$t(68) = -15.855$，$p < 0.001$）；当线索易评时，被试在非比较情境的脆弱程度显著低于比较情境（$M_{比较} = 4.51$，$M_{非比较} = 3.06$，$t(68) = 7.880$，$p < 0.001$）。上述结果为假设 H3 提供了数据支持。

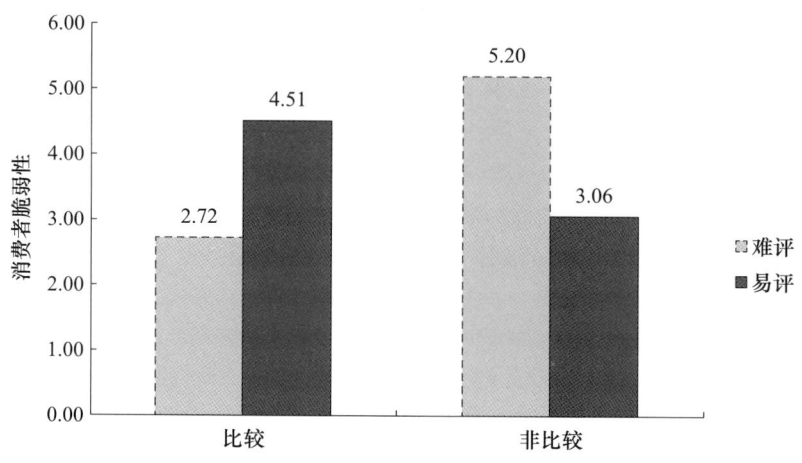

图 10-15 呈现方式与可评价性对消费者脆弱性影响结果（实验 2）

接下来，采用有调节的中介模型，利用 Bootstrap 方法进一步验证 H3，样本量选择 5000，自变量为呈现方式，因变量为决策舒适度，中介变量为消费者脆弱性，调节变量为可评价性。结果表明，可评价性的调节效应显著：难评情境下，呈现方式对决策舒适度的间接效应（LLCI＝－7.9870，ULCI＝－5.4617）不包含 0（图 10-16）。易评情境下，呈现方式对决策舒适度的间接效应（LLCI＝2.8185，ULCI＝5.1367）也不包含 0（图 10-17）。上述结论再次验证了假设 H3。

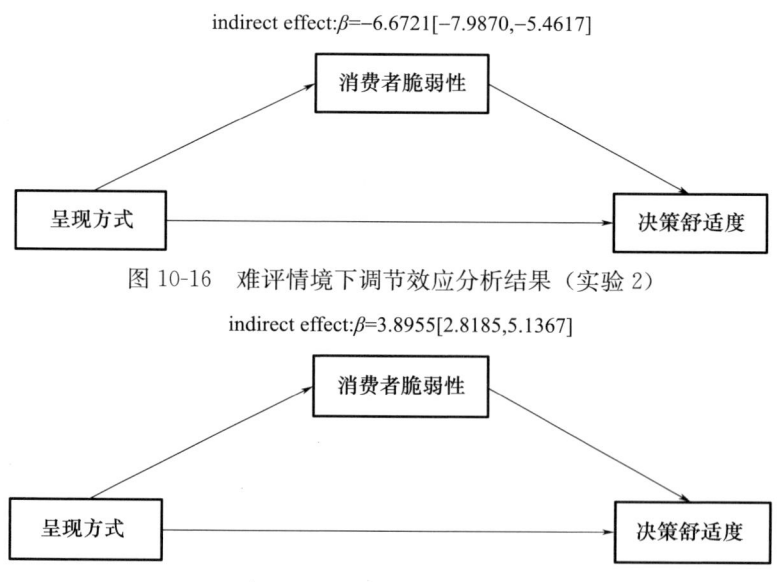

图 10-16 难评情境下调节效应分析结果（实验 2）

图 10-17 易评情境下调节效应分析结果（实验 2）

10.6 本章小结

本章从消费者决策过程出发，通过两个实验得到结果如下：①比较评价线索，相比非比较评价线索，对决策舒适度的影响更显著，即线索以比较方式呈现时，消费者决策舒适度更高；②消费者脆弱性中介了线索呈现方式对决策舒适度的影响，即比较评价线索相比非比较评价线索，容易导致更高的消费者脆弱性，进而导致更低的决策舒适度；③线索呈现方式对决策舒适度的影响受到线索可评价性的调节作用，当线索难评时，比较评价线索能够显著降低消费者脆弱性，进而提高决策舒适度；当线索易评时，非比较评价线索能够显著降低消费者脆弱性，进而提高决策舒适度。上述研究结论不仅为消费者脆弱性理论提供了实证依据，也进一步为本书构建的非理性决策行为理论框架提供了实证依据。

11　总结与展望

在本书的研究中，我们通过引入"消费者脆弱性"这一关键概念，从增进消费者福利的视角重新构建了非理性决策的理论框架。研究揭示了消费者脆弱性在不同营销情境中如何被触发，并深入分析了其对消费者决策行为和福利水平的影响机制。本章将对全书的研究结论、理论贡献、实践意义及未来研究方向进行全面总结与展望。

11.1　研究结论

本书通过引入消费者脆弱性这一构念，从增进消费者福利的视角重新构建了非理性决策理论框架。在回顾了消费者脆弱性的以往研究后，本书基于前人理论基础对消费者脆弱性进行了界定，完善了其在营销领域的定义，通过将其视为消费者的一种个体特质，把它与消费者福利及非理性购买行为联系在了一起。为了进一步使这一概念得以量化操作，本书开发了适用于所有消费者的消费者脆弱性测量量表，并对其进行了验证。最后，检验了实际营销情境中过度营销刺激对消费者决策行为及消费者福利的影响，并利用本书构建的非理性决策理论对其产生机制进行了阐述。本书的主要研究结论如下。

首先，本书基于消费者脆弱性理论，深入探讨了非理性决策行为及其对消费者福利的影响。我们将消费者脆弱性界定为一种个体特质，即消费者在消费情境中难以抵御或承受外在刺激和诱惑，进而做出有损自身福利的决策的倾向。在此基础上，构建了一个从消费者脆弱性视角出发的非理性决策理论框架，进一步明确了非理性行为与消费者福利之间的关系。通过对这一框架的构建，本书提供了统一的理论标准来界定非理性决策行为的合理性。

其次，针对本研究提出的消费者脆弱性的定义，本书开发了消费者脆弱性测量量表。该量表包含 7 个因子和 28 个问项，这 7 个因子分别是：产品宣传、商品知识、社会压力、购买能力、营销和情绪压力、退货政策以及分辨能力。进一步高阶因子分析结果表明，消费者脆弱性在本质上可以表现为两种类型，即无知型脆弱（包含产品宣传、退货政策两个维度）和无力型脆弱（包含商品知识、社会压力、购买能力以及营销和情绪压力四个维度）。该量表信效度良好，且实证检验结果表明，该量表能够预测消费者非理性决策行为及消费者福利变化情况。

最后，本书通过在保健品行业和一般消费情境中的实证研究，验证了不同营销刺激对消费者行为的影响。实证研究结果显示，过度营销刺激会激发消费者脆弱性，进而影响其从众行为和决策舒适度。具体而言，在保健品行业中，信息轰炸会引发无知型脆弱，使消费者更容易表现出信息性从众；而情感绑架则会引发无力型脆弱，导致规范性从众行为的增加。此外，年龄在营销手段与消费者脆弱性之间的关系中起到了显著的调节作用。在一般消费情境中，比较评价线索容易导致更高的消费者脆弱性，进而导致更低的决策舒适度。而这一结果又受到线索可评价性的调节：当线索难评时，比较评价线索能够显著降低消费者脆弱性进而提高决策舒适度；而当线索易评时，非比较评价线索能够显著降低消费者脆弱性进而提高决策舒适度。

11.2 理论贡献与实践意义

11.2.1 理论贡献

首先，重新构建了消费者非理性决策理论框架。本书通过将研究视角从企业绩效和利润转移到消费者自身，聚焦于消费者的内在心理感受和福利增进，重新定义了非理性决策行为的框架。与以往研究不同，本研究不再将重点放在消费者如何实现效用最大化或偏好的一致性，而是提出了基于消费者脆弱性和主观感受的非理性行为统一定义，认为损害消费者福利的行为是非理性消费行为。这一理论框架不仅涵盖了传统的消费者福利测量指标（如幸福感、满意度），还引入了情感体验特别是负面情感体验的考量。根据该理论框架，可以预测具有较高脆弱性的消费者更容易做出非理性消费行为，尤其是在新兴市场环境下特殊群体的非理性决策行为研究中，这一框架提供了新的理论依据。

其次，完善并引入了营销情境下消费者脆弱性这一概念，开发并验证了消费者脆弱性测量量表。本书重新定义了消费者脆弱性，将其视为一种个体特质，进一步引入消费者行为研究领域，深化了消费者脆弱性理论，使其更加具体、精确，同时也丰富了消费者行为及消费者福利的研究内容。不同于以往仅基于人口统计变量或具体研究情境的研究，本研究开发的消费者脆弱性测量量表包含七个因子（产品宣传、商品知识、社会压力、购买能力、营销和情绪压力、退货政策及分辨能力），使这一抽象构念能够量化操作，为未来实证研究提供了有效的测量工具。更重要的是，该量表的普适性能够适用于普通消费者和一般消费情境，扩展了消费者脆弱性研究的范畴，不再局限于特殊群体（如老年人、儿童等）和特定营销情境（如营销欺诈），为未来实证研究提供了新的工具和方向。

再次，深化了消费者脆弱性在不同营销情境下的应用研究，提出了脆弱性作用的差异化机制。通过对保健品行业的实证研究，本书进一步揭示了消费者脆弱性如何在特定营销情境中通过不同机制对决策行为产生影响。具体而言，研究发现，不同类型的营销策略（如信息轰炸和情感绑架）会以不同方式激发消费者的无知型或无力型脆弱，从而导致消费者表现出信息性从众或规范性从众的差异。本书不仅扩展了脆弱性在营销学领域的应用边界，还强调了不同类型脆弱性的情境依赖性及其对消费者行为的独特影响路径，为营销理论和消费者保护策略提供了新的视角。这一贡献不仅丰富了消费者脆弱性理论，也为市场营销中的伦理规范与策略优化提供了理论依据。

最后，构建了消费者福利研究模型并验证了过度营销刺激对消费者决策的影响。基于营销刺激－反应理论，本书整合了消费者脆弱性理论及消费者福利理论，构建了消费者福利研究模型。该模型利用决策舒适度来反映消费者福利情况，通过细化评价线索的不同呈现方式，验证了具体营销情境下过度营销刺激即比较评价线索对消费者决策舒适度产生的影响，并从消费者脆弱性视角对其内在机制进行了解释，这不仅拓展了决策舒适度的研究范围，确立了线索呈现方式对消费者决策产生影响的边界条件，也为消费者非理性决策理论提供了实证依据，更重要的是，该模型为保护消费者福利相关的公共政策的制定提供了理论支持。

11.2.2 实践意义

本书的研究发现对于政府部门相关政策的制定、企业的营销策略及消费者的决策行为都具有一定的指导意义。

首先，为政府部门制定消费者保护政策提供支持。本研究开发的消费者脆弱性测量量表可帮助政府部门识别出脆弱性较高的消费者群体，以及在特定行业或针对特殊产品中容易受到影响的弱势群体。通过测量结果，监管机构可以对容易导致较高消费者脆弱性的行业或产品的营销行为进行更有针对性的监管，特别是在保健品行业和一般消费情境中的营销策略，例如信息轰炸和情感绑架等过度营销手段。通过限制和约束这些具有潜在危害的营销行为，政策制定者可以更有效地保护消费者福利。政府部门还可以利用测量结果来加强公众教育，特别是针对那些在某些维度上容易呈现出高脆弱性的群体，告知他们可能的误导性信息及具体营销手段，增加他们对特定行业产品知识的了解，从而提高他们在面对各种营销刺激时的识别和抵抗能力，最终提升决策质量，减少因非理性行为造成的资源浪费和环境污染等社会问题。

其次，为企业制定更合理的营销策略提供了启示。从长远利益来看，保护消费者的福利是减少投诉和增加满意度及忠诚度的关键。本书的研究结果表明，不同类型的营销刺激会通过激发消费者脆弱性，影响其决策行为和从众倾向。企业在设计营销策略时，除了规范产品宣传活动外，还应对营销人员的服务方式进行规范，避免因过度的促销宣传或情感操控等手段导致消费者做出非理性决策，损害其自身福利。特别是在宣传广告中，如果涉及的是消费者不熟悉的产品属性（例如非物理属性），企业可以采用比较评价线索的呈现方式来突出这些属性，因为这种方式能够更有效地引导消费者做出相对理性的决策。相反，对于消费者熟悉的物理属性，企业应谨慎使用复杂的比较信息呈现方式，以防止消费者陷入过度分析或决策疲劳的状态，导致不理性决策的发生。

再次，为政府部门在广告与宣传监管方面的工作提供实证依据。根据本书的实证研究结论，监管部门可以根据不同属性信息的呈现方式来加强对广告的审查。例如，在产品广告宣传中，若包含过多的物理属性信息且采用比较评价线索呈现，监管机构应更加关注其可能对消费者产生的影响，并预防可能出现的误导性信息传播，防止消费者因信息过载而陷入脆弱状态，进而做出有损自身福利的决策。

最后，为消费者提高决策能力提供指导。本书的研究不仅为政策制定者和企业提供了实践指导，也为消费者自身如何更好地做出理性决策提供了有价值的建议。利用消费者脆弱性测量量表，消费者可以了解自己在哪个维度上更容易表现出脆弱性，并有针对性地采取应对措施，如主动获取相关商品知识、明确购买动机、改善情绪管理等，以避免在决策过程中落入商家的营销陷阱，从而保护自己的利益和提升决策舒适度。

11.3 未来研究方向

本书构建了消费者非理性决策行为理论框架，并通过问卷调查及实验法进行了实证研究，在理论发展方面具有一定的创新性。然而，本研究仍然存在一定缺陷，需要在今后研究中不断完善。这些局限之处也正是未来的研究方向所在，具体内容如下。

首先，研究需要更深入地考察不同消费渠道和行业中的非理性决策行为。

本研究已对保健品行业进行了深入分析，揭示了信息轰炸和情感绑架等营销手段如何影响消费者的脆弱性和决策行为。然而，本研究尚未充分验证其他具体行业（如医疗、医药、美容等）中的非理性决策行为及其影响机制。未来研究可以基于本书提出的非理性决策行为理论框架，进一步考察这些典型行业中，消费者脆弱性如何在复杂多变的营销环境下影响其福利，尤其是如何在过度营销刺激（如夸大广告、诱导性信息）条件下发挥作用。此外，未来研究还可以比较传统消费渠道与网络消费渠道在诱发消费者脆弱性方面的差异，因为网络消费环境中信息量更大、刺激源更多，消费者可能更容易受到外部信息的误导或操控。

其次，研究需引入真实的产品消费数据以验证和完善消费者脆弱性量表的测量效度。本研究在开发消费者脆弱性量表过程中，主要基于实验数据和情境模拟，未涉及真实的产品消费数据。未来可以选择其他具有代表性的产品（如食品、化妆品等）或产品类型（如耐用品与易耗品、功能品与享乐品等），在实际营销情境中进一步验证消费者脆弱性量表的测量效度，并调整现有量表。这样不仅可以探讨消费者在不同产品类别上表现出的脆弱性是否存在差异，还能更深入地研究与非理性购买行为相关的实证问题。此外，本研究仅对二阶潜在变量（即无知型脆弱和无力型脆弱）模型进行了验证，未来可以针对这两个维度重新编制量表题项，使量表更加简洁、适用性更广泛，并针对具体情境和消费群体进行定制化研究。

再次，研究样本的多样化与特殊消费群体的深入研究。本研究的样本主要来自网络样本采集平台，人口统计变量的教育水平分布较为集中。尽管研究表明教育水平对消费者脆弱性无显著影响，但由于样本的局限性，未来研究有必要再次验证这一结论。特别是可以针对不同来源的样本，深入分析特殊消费者群体（如城市新进人员、农民工等）的脆弱性特征，探讨这些群体脆弱性产生的前因后果，并比较不同群体之间的差异。同时，本书对保健品行业的实证研究揭示了不同年龄段对信息轰炸和情感绑架等营销手段的反应差异，未来研究可以继续深入探讨年龄、社会地位、文化背景等变量在不同消费场景中的调节效应。

又次，在真实广告情境中进一步验证研究结论并探索其他调节效应。本书最后的实证研究情境是基于模拟的产品广告宣传材料，尽管这些材料尽可能贴近实际，但与真实的广告仍存在一定差距。未来研究可以使用真实的产品宣传广告来进一步验证本书的研究结论。此外，本书在探讨评价线索呈现方式对决策舒适度的边界条件时，选取了消费者熟悉度较低的产品类型。未来可以进一步研究消费者对不同产品类型、产品属性的熟悉度如何影响其决策行为，探索不同营销情境下的刺激程度和范围如何对消费者脆弱性及非理性行为产生影响。

最后，进行跨文化研究以拓展消费者脆弱性理论的外延。由于消费者脆弱性具有情境化的特性，不同国家和文化环境可能会导致消费者脆弱性及其决策行为的显著差异。未来研究可以考虑进行跨文化对比研究，探讨不同国家和文化环境下消费者脆弱性的整体状况及其在特定情境中的表现形式，从而验证和拓展本书的理论框架和实证结论。

参考文献

[1] 丹·艾瑞里. 怪诞行为学：可预测的非理性［M］. 赵德亮，夏蓓洁，译. 北京：中信出版集团股份有限公司，2010.

[2] 巴里·施瓦茨. 选择的悖论［M］. 杭州：浙江人民出版社，2013.

[3] 李四兰，景奉杰. 从行为经济学透视消费者非理性购买决策的涵义［J］. 武汉科技大学学报，2013，15（4）：422-425.

[4] 黄守坤. 非理性消费行为的形成机理［J］. 商业研究，2005，（10）：15-16.

[5] 李亚林，景奉杰. 基于冲动性购买诱发因素的消费者冲动性购买之购后满意度研究［J］. 管理学报，2012，9（3）：437-445.

[6] 孙彦，李纾，殷晓莉. 决策与推理的双系统：启发式系统和分析系统［J］. 心理科学进展，2007，15（5）：721-845.

[7] 李爱梅，罗莹，李斌. "金钱启动"让人理性还是非理性？——金钱启动与消费者行为决策［J］. 外国经济与管理，2016，38（6）：100-112.

[8] 李爱梅，郝玫，李理，等. 消费者决策分析的新视角：心理账户理论［J］. 心理科学进展，2012，20（11）：1709-1717.

[9] 李爱梅，鹿凡凡. 幸福的体验效用与非理性决策行为的偏差机制［J］. 心理科学进展，2013，21（6）：1059-1070.

[10] 魏勇刚，李红. 心理账户的作用机制与儿童认知发展［J］. 心理科学，2007，30（6）：1514-1516.

[11] 李斌，徐富明，马红宇，等. 锚定效应对消费者决策的影响研究述评［J］. 消费经济，2011，27（5）：1-4.

[12] 李四兰，景奉杰. 参考效应对价格感知影响的内隐机制［J］. 商业研究，2010，（8）：38-40.

[13] 李四兰，景奉杰. 在线交易中认知需要对整合价与分离价感知的影响［J］. 管理科学，2011，（3）：75-85.

[14] 李亚林，景奉杰. 消费者冲动性购买行为后动态满意度研究［J］. 软科学，2012，26（6）：132-136.

[15] 景奉杰，岳海龙. 中国消费者冲动性购买倾向量表的研究［J］. 财政研究，2005，（5）：37-40.

[16] 宋官东. 对从众的再认识［J］. 心理科学. 2002，25（2）：202-204.

[17] 刘维奇，张晋菁. 考虑消费者预期后悔的产品换代策略研究［J］. 中国软科学，

2017，(11)：147-156.

[18] 朱华伟，张艳艳，龚璇. 企业幽默能否化解消费者抱怨：幽默类型与关系范式的匹配 [J]. 心理学报，2017，49 (4)：526-538.

[19] 邬适融，陈洁，曾艺生，等. 消费者持续满意度研究——基于快乐适应视角 [J]. 南开管理评论，2011，14 (1)：130-137.

[20] 奚恺元. 财富的终极目标：人最大化的幸福感 [J]. 科技文萃，2004，(5)：85-88.

[21] 辜红，景奉杰. 持续幸福感研究脉络及未来趋势 [J]. 商业经济研究，2013，(6)：8-10.

[22] 冯海华，胡昊. 商品流通渠道主导权冲突的博弈分析——基于消费者福利视角 [J]. 无锡商业职业技术学院学报，2007，7 (4)：15-18.

[23] 肖经建. 消费者金融行为，消费者金融教育和消费者福利 [J]. 经济研究，2011，(S1)：4-16.

[24] 科特勒，阿姆斯特朗. 市场营销：原理与实践 [M]. 楼尊，译. 16 版. 北京：中国人民大学出版社，2015.

[25] 罗伯特·F. 德维利斯. 量表编制：理论与应用 [M]. 重庆：重庆大学出版社，2010.

[26] 林升栋. 消费者对人际影响的敏感度研究 [J]. 消费经济，2006，(3)：37-42.

[27] 石华瑀，景奉杰，杨艳，等. 基于非理性购买行为的消费者脆弱性量表开发及实证检验 [J]. 管理学报，2018，15 (7)：1033-1039.

[28] 伯恩斯，布什. 营销调研 [M]. 于洪彦，等，译. 6 版. 北京：中国人民大学出版社，2011.

[29] 陈瑞，郑毓煌，刘文静. 中介效应分析原理，程序，Bootstrap 方法及其应用 [J]. 营销科学学报，2013，9 (4)：120-135.